시간과 공간의 비밀을 밝힌 과학자

아인슈타인

새시대 큰인물 21

시간과 공간의 비밀을 밝힌 과학자

아인슈타인

개정판 1쇄 | 2006년 2월 15일
개정판 3쇄 | 2011년 7월 11일

글쓴이 | 박용기
그린이 | 임연기
발행인 | 양원석
편집인 | 이헌상
편집장 | 전혜원
진행 | 정미연
디자인 | 최현숙

펴낸곳 | 랜덤하우스코리아(주)
주소 | (153-802)서울시 금천구 가산동 345-90번지 한라시그마밸리 20층
문의 | 02-6443-8870(내용), 02-6443-8838(구입), 02-6443-8962(팩스)
등록 | 2004년 1월 15일 제2-3726호

ISBN 978-89-5986-359-4   74990
      978-89-5986-338-9 (세트)
값 8,000원

시간과 공간의 비밀을 밝힌 과학자

아인슈타인

박용기 글 | 임연기 그림

주니어랜덤

글쓴이의 말

아인슈타인이 누군지 모르는 사람이 있을까요? '아인슈타인'이라는 우유도 있으니 태어난 지 얼마 안 된 아이도 아인슈타인이란 이름은 들어 봤을 거예요.

많은 사람들은 세상에서 가장 똑똑했던 사람으로 생각하죠. 또 상대성 이론이라는 물리 법칙을 발견한 위대한 과학자로 아는 사람도 많이 있을 거예요.

사람들은 어떤 사람이 유명해지고 이름을 남기면 보통 사람과는 다른, 특별한 인격과 능력을 가졌다고 생각합니다. 남들이 하기 어려운 생각과 위대한 발견을 해낸 것은 틀림없이 그에게 뛰어난 재능이 있었기에 가능했겠지요. 하지만 그가 그것을 발견하기까지 얼마나 많은 시간을 고뇌하고 연구에 매달렸는지도 알아야만, 재능만으로는 결코 위대한 발견을 할 수 없다는 진실을 깨닫게 될 거예요.

이 책은 아인슈타인의 삶을 자세히 그리기보다 그가 발견한 과학적인 사실을 충실하게 전달하려고 노력했습니다. 한 과학자가 우주의 비밀을 밝혀 내면서 누렸던 발견의 기쁨을 함께 느껴 보고, 우주가 얼마나 신비로운 존재인지 알게 되는 것이 '과학자의 생애'를 읽는 목적이라고 생각합니다. 그가 똑똑하고 위대한 인물이었다는 것이 중요한 게 아니라, 그가 발견한 우주가 우리의 생각과 삶을 어떻게 변화시켰는지가 더 중요한 것이지요.

이 글에는 아인슈타인의 상대성 이론뿐만 아니라 20세기 과학의 꽃이라고도 할 수 있는 양자 역학에 대한 얘기도 나옵니다. 오늘날 상대성 이론과 양자 역학은 우주와 자연을 이해하는 가장 기본적인 학문입니다. 우리가 살고 있는 이 세상이 신비와 경이로 가득 차 있다는 것을, 두 과학은 놀랍도록 아름답게 들려주고 있습니다.

과학자들은 한결같이 말합니다. 우주의 비밀을 푸는 과학이란 언어는 너무나 아름다워, 마치 우리가 아름다운 음악을 듣거나 훌륭한 문학 작품을 읽을 때처럼 커다란 감동을 받는다고 말입니다.

과학은 우리 곁에 있는 자연의 신비로움에서 출발했습

니다. 그리고 그 신비로움이 무한한 호기심과 상상력으로 이어져 인류의 위대한 지적 산물로 자라났습니다.

만물의 근원인 빛은 도대체 무엇인가? 우주는 어떻게 존재하는가? 생명이란 무엇인가? 물음은 끝없이 이어질 것입니다. 우리의 상상도 끝없이 펼쳐지겠지요. 과학자들도 똑같습니다.

그러나 그들은 자신의 생각이 논리적으로 모순이 없도록 끊임없이 다듬고 정리합니다. 앞뒤 말이 맞지도 않는데 그 말을 믿을 사람은 아무도 없겠지요? 그들이 무엇을 어떻게 생각했는가, 그것이 다름 아닌 바로 과학입니다.

눈에 보이지 않는 지극히 작은 세계로부터 우주의 끝에 이르는 무한의 세계까지 과학자들의 상상력은 끝이 없습니다. 그 속에서 때로는 아주 독창적이고 때로는 정말 신비롭기까지 한 과학적 원리들이 태어났습니다. 그 원리를 따라가다 보면, 우주의 아름다움과 신비가 느껴지고 과학자들의 독특한 생각에 절로 감탄이 쏟아져 나옵니다.

이 글을 쓰면서 줄곧 염두에 둔 것도 그것입니다. 독특하고 엉뚱한 생각을 했던 아인슈타인이 어떻게 자신의 생각을 포기하지 않고 끊임없이 밀고 나갔으며, 그 결과 놀랍도록 신비한 우주의 비밀이 어떻게 밝혀졌는지 그것을 말해 주고 싶었습니다.

거기에는 아무도 생각하지 못했던 아인슈타인의 놀라운 상상력이 다른 과학 원리와 섞여 나오기 때문에 이해하기 좀 어려운 부분도 있습니다.

그러나 어린이 여러분에게 부탁하고 싶은 것은 그런 어려움에 너무 기죽지 말라는 것입니다. 잘 이해하지 못한 부분은 나중에 얼마든지 더 공부할 수 있습니다.

글을 읽어 가다가 언뜻언뜻 자연의 신비로움과 과학에 대한 흥미를 느끼게 된다면, 이해하지 못한 부분은 별로 중요하지 않습니다. 그것이 생각하는 능력을 키워 주고, 자연과 우주, 인간에 대한 더 깊은 호기심을 가져다 준다면 어렵다는 한 가지 이유 때문에 읽기를 포기할 수는 없겠지요. 이것이 저의 기대이고 바람입니다.

그럼 이제 아인슈타인과 함께 우주의 신비를 찾아가는 여행을 떠나 볼까요?

박용기

차례

글쓴이의 말 · 4

어린 시절 · 11
■ 아인슈타인에 관한 자료들 · 23

위대한 발견, 특수 상대성 이론에 대하여 · 25
■ 질량과 에너지의 관계를 밝힌 공식, $E=mc^2$ · 54

양자 역학의 시작, 광전 효과에 대하여 · 57
■ 원자와 분자의 존재를 증명하는 '브라운 운동' · 69

시간과 공간의 비밀, 일반 상대성 이론에 대하여 · 71
■ 쌍둥이 역설 · 93

세계적으로 유명한 과학자가 되다 · 97
■ 일반 상대성 이론에 대한 증거들 · 108

독일을 떠나다 · 111
- 상대성 이론이 밝힌 우주 · 118

양자 역학을 거부하다 · 123
- 아인슈타인과 보어의 양자 역학 논쟁 · 132

원자 폭탄과 아인슈타인 · 134
- 아인슈타인의 종교 · 149

용어 해설 · 151
인물 소개 · 153
열린 주제 · 158
인물 돋보기 · 160
연대표 · 162

아인슈타인

1
어린 시절

알베르트 아인슈타인은 1879년 3월 14일 독일의 울름에서 태어났습니다. 아버지 헤르만 아인슈타인과 어머니 파울리네 코흐는 유대인이었습니다. 어머니는 부유한 상인 집안 출신으로 언제나 밝고 쾌활했습니다. 어머니는 특히 음악을 좋아했고 피아노를 잘 쳤습니다. 어머니의 영향으로 아인슈타인은 어릴 때부터 바이올린을 배웠습니다. 아버지는 장인의 도움으로 전기 회사를 차려 운영했습니다.

아인슈타인이 태어나기 8년 전까지만 해도 독일에서는 유대인에 대한 차별이 심했습니다. 선거권도 없었고 가슴에는 노란 딱지를 붙이고 유대인이라는 사실을 세상에 알리면서 살아야 했습니다.

　부모는 자식을 차별받는 유대인으로 키우기 싫었는지 아인슈타인을 유대인 학교에 보내지 않고 카톨릭계 학교에 보냈습니다. 또 다른 유대인들처럼 구약성서에 따른 엄격한 율법을 강요하지 않고 자유롭게 키웠습니다.

　아인슈타인은 카드로 집을 짓거나 퍼즐 놀이 따위를 하

며 혼자 놀기를 좋아했습니다.

다섯 살 무렵 아버지는 늘 혼자 노는 아인슈타인에게 나침반을 선물로 사 주었습니다. 아인슈타인은 그것을 장난감처럼 가지고 놀았습니다. 사실 손바닥만한 둥그런 판에 복잡한 방향 표시가 되어 있고 가운데 바늘이 박혀 있는 나침반이, 별로 신기할 것은 없었습니다.

그러던 어느 날 아인슈타인은 나침반에서 놀라운 사실을 발견했습니다. 나침반을 이리저리 아무렇게 두어도 바늘이 항상 같은 방향을 가리키고 있는 게 아니겠습니까! 아인슈타인은 거기서 이상한 느낌을 받았습니다. 아무도 손을 대지 않았는데 무엇이 바늘을 한 곳으로 고정시키는 것일까? 우주에 숨겨져 있는 힘이 있는 게 아닐까? 그 때 아인슈타인은 세상에는 눈에 보이는 것뿐만 아니라 보이지 않는 것도 있다는 사실을 알았습니다.

이런 느낌을 '경이로움'이라고 합니다. 경이로움은 놀랍고 신비로운 감정입니다.

'사과가 왜 나무에서 떨어질까? 질량을 가진 모든 물질은 왜 땅바닥으로 떨어질까? 그런데 달은 왜 떨어지지 않고 하늘에 매달려 있는 것일까?'

이것은 뉴턴이 느꼈던 경이로움입니다.

가만히 생각해 보면, 세상은 온통 경이로움으로 가득 차 있습니다. 별은 왜 반짝일까? 우주라는 것이 뭐지? 시간은 뭘까? 우리는 왜 나이를 먹고 늙어 가는 것일까? 친구들과 나는 왜 다르게 생겼을까? 그러고 보니 세상에 똑같은 것은 하나도 없잖아! 세상은 정말 온통 경이로움 그 자체라는 생각이 들지 않나요?

아인슈타인은 아버지가 일하던 곳인 뮌헨에서 열네 살 때까지 살았습니다. 이 곳에서 초등학교를 마치고 김나지움에 들어갔습니다. 김나지움은 우리 나라로 보면 중학교와 고등학교를 모아 놓은 곳입니다.

아인슈타인을 가르쳤던 선생님들은 아인슈타인에게서 특별한 재능이 있다는 느낌은 거의 받지 못했습니다. 아인슈타인은 말이 별로 없었고, 언제나 엉뚱한 생각을 하고 있었기 때문에 수업에 집중하는 것처럼 보이지 않았거든요.

하지만 그 무렵 아인슈타인의 머릿속은 온갖 생각으로 복잡하게 얽혀 있었습니다. 당시 유대인 집안에서는 안식일(금요일 저녁부터 다음날 저녁까지 일을 하지 않고 쉬는 유대인들의 성일)에 가난한 탈무드 학자(라비)를 초대해 함께 점심을 먹는 관습이 있었습니다. 그런데 마침 아인슈타인의 집에 초대된 젊은 학생은 라비보다는 의학자가 되려는 사람이었습니다. 그래서 그는 과학에 흥미를 보이는 아인슈타인에게 많은 과학책을 가져다 주었습니다.

이 때 아인슈타인은 '청소년을 위한 과학 시리즈' 20권을 혼자서 읽어 냈습니다. 그것은 아인슈타인의 생각에 많은 변화를 주었습니다. 아주 어릴 때부터 성경책을 읽으며 세상은 하느님이 창조했고 모든 만물은 하느님의 뜻에 따라 산다고 배웠는데, 과학이 밝힌 사실은 그것과 맞지 않았던 것입니다. 아인슈타인은 성경책이 사람들을 속이고 있다고 생각했습니다.

또한 당시 김나지움은 대부분 국가에서 지원하고 있었는데, 군사적인 분위기가 아주 강했습니다. 학생들은 제복을 입었으며, 선생님을 대장님이라고 불렀습니다. 아인슈타인은 이런 억압적인 분위기를 아주 싫어했습니다.

어린 시절 아인슈타인이 경이로움을 느꼈던 세계가 또 하나 있습니다. 때때로 야콥 삼촌이 대수학(덧셈, 곱셈과 같은 수의 관계, 성질, 계산 법칙 등을 연구하는 학문)과 기하학(원, 삼각형, 사각형과 같은 도형의 특성을 연구하는 학문)

에 대한 문제를 내곤 했는데 그것이 아인슈타인을 수학의 세계로 빠져 들게 한 것입니다.

아인슈타인은 피타고라스 정리(직각삼각형의 빗변의 제곱은 다른 두 변의 제곱의 합과 같다는 수학 정리)를 혼자서 증명했습니다. 피타고라스 정리를 증명하는 것은 기하학을 배우면 누구나 할 수 있습니다. 하지만 당연한 것을 자신의 힘으로 알아보는 것이 중요합니다. 아인슈타인은 3주 동안 그 문제에 매달려 마침내 스스로 피타고라스 정리를 증명했습니다.

그 날 아인슈타인은 또 한 번 경이로움을 느꼈고, 그 뒤 수학은 아인슈타인이 가장 좋아하는 과목이 되었습니다. 특히 기하학을 좋아했습니다.

아인슈타인은 정신을 옥죄고 어떤 틀 속에 가두려고 하는 종교와 국가 제도를 몹시 싫어했습니다. 그래서 수학과 음악의 아름다움에 더욱 깊이 빠져 들었는지도 모릅니다. 바이올린을 배우면서도 지루하게 반복되는 연습곡보다 좋아하는 곡을 연주하면서 익히는 것을 훨씬 좋아했습니다.

전부터 경영 상태가 좋지 않던 아버지의 사업은 1894년에 완전히 망했습니다. 아버지는 가족을 데리고 이탈리아로 이사를 갔습니다. 그러나 아직 김나지움을 마치지 못한 아인슈타인은 홀로 남아 먼 친척집에 머물렀습니다.

　수업 시간은 따분하고 지루했습니다. 전혀 창의적이지 않은 선생님의 강의는 고통스럽기까지 했습니다. 창 밖만 내다보고 있던 아인슈타인은 선생님에게 여러 번 주의를 들었습니다. 그러나 아인슈타인은 별로 나아지지 않았습니다. 어느 날 선생님이 아인슈타인을 교무실로 불렀습니다.

　"알베르트, 넌 구제 불능이야. 너 때문에 선생님에 대한 학생들의 존경심이 사라지고 있어. 더 이상 널 가르칠 수 없으니까 학교를 떠나 줬으면 좋겠어."

　아인슈타인은 아무 대답도 않고 교무실을 나왔습니다. 그리고 이탈리아로 가겠다고 부모에게 편지를 썼습니다. 부모의 허락이 떨어지자, 아인슈타인은 홀로 남은 지 6개월 만에 졸업도 하지 못한 채 이탈리아로 떠났습니다.

　이탈리아에서 아인슈타인은 6개월 동안 여러 곳을 돌아다니며 여행을 했습니다. 이탈리아의 아름다운 자연 풍경에 흠뻑 빠진 아인슈타인은, 물리학을 공부해야겠다고 생각했습니다. 자연의 아름다움에는 뭔가 눈에 보이지 않는 질서가 있을 것이고, 그것을 알아내는 물리학에 큰 매력을

느낀 것이지요.

아인슈타인은 아버지에게 물리학을 배워 과학 선생님이 되겠다고 했습니다. 그러나 아버지는 전기 기술자가 되어 가족의 생계를 꾸려 가기를 바랐습니다.

1895년 아인슈타인은 열여섯의 나이에, 스위스 연방 공과 대학(취리히 공과 대학) 입학 시험을 치렀습니다. 이 대학은 고등학교 졸업장이 없어도 입학할 수 있었으나, 시험은 매우 까다로웠습니다. 아인슈타인은 언어 시험에서 떨어졌습니다. 그러나 수학 성적은 아주 좋았습니다.

대학은, 근처에 있는 고등학교에서 언어와 과학을 일 년 동안 공부하면 입학시켜 주겠다는 조건부 입학을 제안했습니다. 일 년 뒤, 1896년 가을에 아인슈타인은 취리히 공과 대학에 입학했습니다.

아인슈타인은 대학 4년을 보내는 동안, 강의실에서 주입식으로 배우는 공부를 매우 싫어했습니다. 특히 졸업을 하기 위해 끊임없이 치러야 하는 시험은 거의 미칠 지경이었습니다. 그래도 물리 현상을 직접 경험할 수 있는 실험은 재미있어서 많은 시간을 실험실에서 보내곤 했습니다.

아인슈타인은 친구를 잘 사귀지 못해 대학 생활을 거의

혼자 지냈지만, 이름을 기억하는 몇몇 친구는 있었습니다. 아인슈타인보다 한 살 많은 수학과 학생 마르셀 그로스만과 육 년 선배이자 기계 기술자인 마르셀 베소, 그리고 나중에 결혼하게 되는 밀레바 마리치가 그들입니다.

베소와 그로스만은 평생 동안 아인슈타인과 변함없는 우정을 나누었습니다. 베소는 아인슈타인과 물리학의 철학적 의미에 대해서 오랫동안 토론을 하곤 했습니다. 아인슈타인은 베소가 죽을 때까지 베소에게 자신의 생각을 말하고, 그와 의견을 나누었으며, 그의 비평을 겸허하게 들었습니다. 그로스만은 나중에 취리히 공과 대학 수학과 교수가 되는데, 아인슈타인이 상대성 이론을 개발할 때 수학적 조언을 해 주었습니다.

밀레바는 대학 1학년 때 처음 만났습니다. 당시 여자가 공과 대학에 들어오는 것은 매우 드문 일이어서, 첫눈에 아인슈타인은 깊은 인상을 받았습니다. 더구나 밀레바와 물리학에 대해 여러 가지 생각을 나눌 수 있게 되자 점점 마음이 끌렸습니다.

대학을 졸업하고 아인슈타인은 가족들에게 밀레바와 결혼하겠다고 말했습니다. 그러나 어머니가 반대했습니다.

밀레바는 유대인이 아니었을 뿐만 아니라, 아인슈타인은 아직 직업도 없어서 가족의 생계를 책임질 능력이 없다는 것이 반대 이유였습니다.

1902년 아버지가 심장 질환으로 55세에 세상을 떠났습니다. 아버지는 죽기 전 두 사람의 결혼을 축복해 주었습니다. 어머니는 더 이상 반대하지 못했습니다. 1903년 1월에 아인슈타인은 밀레바와 결혼했습니다.

아인슈타인에 관한 자료들

아인슈타인에 대한 자료는 크게 세 가지가 있다. 먼저 아인슈타인 자신이 쓴 글이다. 상대성 이론을 비롯한 여러 잡지와 학회에 발표한 논문들, 친구와 과학자 동료, 그리고 가족들에게 쓴 편지들이다. 이것들에는 유대교와 기독교 등 종교에 대한 자신의 견해, 폭력과 정치·전쟁에 대한 평화주의적인 관점, 아이들과 교육에 대한 생각들이 다양하게 들어 있다.

다음으로 가족들이 들려준 이야기들인데, 특히 그의 여동생 마야의 증언

여섯 살 때의 아인슈타인과 여동생 마야

은 매우 소중한 자료이다. 왜냐하면 아인슈타인은 개인적으로 가족에 대한 이야기는 거의 하지 않았기 때문에, 그녀의 증언이 없었다면 아인슈타인의 어린 시절에 대한 정보는 거의 알 수 없었을 것이다. 또 아인슈타인이 잊어버렸거나, 기록할 만큼 중요하다고 생각하지 않았던 것들에 대한 정보가 그녀로부터 나왔다.

마지막으로 아인슈타인이 1897년에서 1903년 동안 밀레바에게 쓴 편지들로, 최근에 발견되었다. 이 편지들은 1950년대에 아인슈타인과 밀레바의 장남 한스 알베르트 아인슈타인에게 전달되기 전까지 아무도 알지 못했다. 이 편지들은 1987년에 아인슈타인의 미발표작들과 함께 세상에 공개되었다.

2
위대한 발견,
특수 상대성 이론에 대하여

　1900년에 취리히 공과 대학을 졸업한 아인슈타인은, 2년 동안 취직을 못 하고 임시 교사로 생활했습니다. 사실 아인슈타인은 대학을 더 다니고 싶은 생각도 없지 않았으나 교수들이 그를 달가워하지 않았습니다.

　수업은 밥 먹듯이 빼먹고 학습 태도도 건방져 보였기 때문에 교수들의 평가는 좋지 않았습니다. 상대성 이론을 수학으로 풀어낸 유명한 수학자이자 그의 스승이었던 헤르만 민코프스키마저도, 아인슈타인이 게으른데다가 아무것에도 진지하지 않은 학생이라고 회상했습니다. 게다가 유대인이라는 것도 진학을 방해하는 데 한몫 했습니다.

1902년에 친구인 그로스만의 아버지가 특허청장과 잘 아는 사이여서 아인슈타인을 특허청에 추천해 주었습니다. 아인슈타인은 스위스 국립 특허사무소의 기술 전문가로 취직했습니다.

아인슈타인이 맡은 일은 발명품에 대한 특허 여부를 심사하는 것이었습니다. 그 일은 창의적이고 자발적인 아인슈타인에게 꽤 어울리는 일이었습니다. 독특하고 기발한 생각으로 세상에 없는 물건을 만들어 내는 것은, 아인슈타인 자신도 즐기는 일이었거든요.

아인슈타인은 낮에는 특허사무소에서 일을 하고, 저녁에 집에 돌아와서는 최신 물리학의 여러 문제들에 대해 공부하고 연구했습니다. 물론 집에다 실험 도구를 갖추고 실험을 한 것은 아니었습니다. 머리로 실험을 상상하는 '사고 실험'을 했던 것입니다.

아인슈타인은 어릴 때부터 시각적인 상상을 좋아했습니다. 카드로 집 짓는 놀이를 한 거나 기하학의 매력에 깊이 빠진 것을 보면, 자연이나 사물의 현상을 머릿속으로 상상하기를 즐겼다는 걸 알 수 있습니다.

특허사무소에서 발명품을 심사하는 것도 그의 시각적인

상상력에 많은 도움을 주었습니다. 대개 특허를 낼 때는 발명품에 대한 설계도를 함께 첨부해야 합니다. 설계도는 실제 물체를 줄여서 평면에 그려 놓은 것이기 때문에, 진짜 물건에 대해서는 상상을 해야 이해할 수 있습니다.

아인슈타인은 어떤 물리적 현상에 대해 생각할 때, 먼저 머리로 그림을 그렸습니다. 그리고 그것이 구체적인 현상으로 뚜렷하게 이해되면 수학으로 풀어내기 시작했습니다.

아인슈타인은 열여섯 살 때부터 늘 이런 생각을 하며

행복한 상상의 날개를 펴곤 했습니다.

'내가 빛에 올라타서 빛과 함께 날면 어떻게 될까?'

손에 잡히지도 않는 빛 위에 말처럼 사람이 올라탄다는 것은 물론 불가능한 일입니다. 그러니까 머릿속으로 상상하는 거지요. 아주 작은 물질이 되어 빛과 함께 날아간다고 생각해 보는 겁니다. 그러면 무슨 일이 벌어질까요?

빛은 1초에 30만 킬로미터를 날아갑니다(좀더 정확하게는 299,784킬로미터). 우리가 아주 빠르다고 느끼는 소리는, 1초에 겨우 340미터를 날아갑니다. 빛이 얼마나 빠른지 알 수 있겠지요?

옛날에는 빛의 속도를 측정할 수도 없었을 뿐만 아니라 너무 빨랐기 때문에, 무한히 빠르다고 생각했습니다. 아인슈타인보다 3백여 년 앞서 태어난, 지동설(지구가 태양 주위를 돈다는 학설)로 유명한 과학자 갈릴레이도 빛의 속도를 측정하려 했지만 실패했습니다.

1676년에 덴마크의 천문학자 뢰머가 최초로 비교적 정

확하게 빛의 속도를 측정했습니다. 그는 빛이 1초에 약 21만 킬로미터를 날아간다고 계산했습니다. 1728년에 영국의 천문학자 브래들리는, 별들의 위치가 지구의 움직임(공전)에 따라 조금씩 바뀌는 것처럼 보이는 것을 발견하고, 그에 따른 빛의 속도를 계산했습니다. 그가 계산한 값은 초속 약 28만 킬로미터였습니다.

1800년대 중반 아인슈타인이 태어날 무렵에, 프랑스의 과학자 피조와 푸코, 미국의 마이컬슨 등에 의해서 빛의 속도는 더욱 정밀하게 계산되어, 일반적으로 초속 30만 킬로미터라는 값이 확립되었습니다.

빛의 속도를 알아낸 과정을 보면 빛에 올라타, 어디론가 빠르게 날아가고 싶다는 생각이 들지 않나요? 아인슈타인도 그런 생각을 했을지 모릅니다. 아인슈타인의 사고 실험을 계속 따라가 봅시다.

　나는 지금 초속 30만 킬로미터로 달리는 기차 안에 있습니다. 그리고 내 앞에는 거울이 있습니다. 그렇지만 지금은 깜깜해서 아무것도 보이지 않습니다. 기차가 빛의 속도로 달리는 순간, 천정에 달린 전등불이 켜졌습니다. 그 순간 나는 거울에 비친 내 모습을 볼 수 있을까요?

　거울에 내 얼굴이 보이는 것은, 천정에 달린 전등 불빛이 거울에 반사되어 그 빛이 내 눈으로 들어와, 뇌가 그것을 인식하기 때문입니다. 그런데 빛은 결코 거울까지 갈 수 없습니다. 왜냐하면 기차가 빛의 속도로 달리고 있기 때문입니다. 우리가 보기에 빛은, 그 자리에 멈춰 있는 것처럼 보일지도 모릅니다. 빛이 아무리 거울까지 날아가려 해도, 기차가 빛과 똑같은 속도로 가기 때문에 거울에 다다를 수 없는 것입니다.

　거울을 바라보았는데 그 안에 내 모습이 없다면 섬뜩하겠죠? 내가 유령이 된 듯한 느낌이 들 테니까요. 하지만 너무 두려워할 필요는 없습니다. 거울 자체도 보이지 않을 테니까요. 거울도 빛이 도착해야 제 모습을 보일 수 있지 않겠어요?

여기서 아인슈타인은 뭔가 석연치 않은 느낌을 받았습니다. 그 때까지 배운 물리학과 어딘가 맞지 않는다는 생각이 들었기 때문입니다. 그것이 도대체 뭘까요?

그럼 아인슈타인 이전의 물리학에 대해서 잠깐 알아볼까요?

앞에서 얘기한 갈릴레이는 비록 빛의 속도를 측정하지는 못했지만, 오늘날 과학의 기초를 닦은 위대한 과학자입니다. 갈릴레이는 물체의 운동을 연구하면서, 아인슈타인보다 먼저 사고 실험을 했습니다. 갈릴레이는 바깥에서 어떤 힘을 가하지 않는 한 물체는 가만히 정지해 있거나 또는 영원히 일정한 속도로 움직인다고 생각했습니다.

학교 앞에서 흔히 볼 수 있는 조그만 돌멩이를 떠올려 봅시다. 아무도 건드리지 않으면 돌멩이는 영원히 그 자리에 멈춰 있을 겁니다. 그런데 학교에서 나오던 한 아이가 냅다 그 돌멩이를 걷어찼습니다. 돌멩이가 멀리까지 날아가더니 또르르 구르다 멈췄습니다.

날아가거나 구르다 멈춘 것은, 모두 바깥에서 어떤 힘이 가해져서 생긴 것입니다. 날아간 것은 아이가 발로 걷어찼기 때문이고, 날다가 아래로 떨어진 것은 지구가 아래로 끌어당겼기 때문입니다(공기 저항이 있지만 무시하자). 그리고 땅바닥을 구르다 멈춘 것은, 울퉁불퉁한 땅의 마찰 때문입니다. 이렇게 바깥에서 힘이 작용해 생긴 운동을 '가속 운동'이라고 합니다.

만약 날아가는 돌멩이를 지구가 끌어당기지 않았다면, 돌멩이는 처음에 아이가 걷어찬 만큼의 힘을 가지고 영원히 날아갔을 것입니다. 그리고 땅바닥을 구르던 돌도 땅의 마찰이 없었다면, 영원히 똑바로 앞으로 굴러갔을 것입니다.

이것이 바로 갈릴레이가 말한, 모든 물체는 바깥에서 힘을 가하지 않는 한 영원히 멈춰 있거나 일정한 속도로 움직인다는 말의 뜻입니다. 일정한 속도로 똑바로 나아가는 운동을 '등속 운동'이라고 합니다. 그런데 중요한 것은, 정지해 있거나 등속 운동을 하는 물체는 자신이 정지해 있는지 또는 등속 운동을 하고 있는지 전혀 알 수 없다는 것입니다.

주변에 아무것도 없는 곳에서 시속 100킬로미터로 일정하게 달리고 있는 기차가 있다고 합시다. 만약 기차가 조금도 덜컹거리지 않는다면, 기차 안에 있는 사람은 기차가 가고 있는지 멈춰 있는지 전혀 알 수 없습니다.

다른 예를 더 생각해 봅시다. 캄캄하고 텅 빈 허공에 우주선(A)이 떠 있습니다. 잠시 뒤 하얀 불빛이 보이더니 또 다른 우주선(B)이 나타나 일정한 속도로 이 우주선을 스치고 지나갑니다.

우주선 A는 당연히 자신이 정지해 있고 우주선 B가 스쳐 지나갔다고 생각할 것입니다. 그러나 그것은 우주선 B도 마찬가지입니다. 불도 켜지 않은 어떤 우주선이 나타나 자신을 스치고 지나갔다고 생각하겠지요.

두 우주선의 주장은 모두 옳습니다. 누가 움직이고 누가 멈춰 있는지 결코 알 수 없기 때문에, 둘 다 자신이 멈

쳐 있고 상대방이 움직였다고 주장하는 것은 당연합니다. 이것을 보통 '갈릴레이의 상대성 원리'라고 부릅니다.

자, 그럼 우리가 움직이고 있다는 것은 어떻게 알까요? 그것은 간단합니다. 바깥에서 어떤 힘이 주어져서 내가 속도를 내거나 또는 속도가 줄어들면, 쉽게 자신이 움직이고 있다는 것을 느낍니다. 차가 출발하거나 멈출 때 몸이 뒤로 젖혀지거나 앞으로 쏠리는 것을 우리는 흔히 경험합니다. 이 때 차가 움직이고 있다는 것을 분명히 느낄 수 있습니다.

이렇게 가속 운동을 하면 우리는 누가 움직이고 있는지 쉽게 알 수 있지만, 등속 운동에서는 결코 알 수 없습니다. 그렇다면 기차가 시속 100킬로미터로 일정하게 달리고 있다는 것은 무슨 의미일까요? 그것은 땅 위에 서 있는 내가 보기에 그렇다는 것입니다. 단지 나에 대해서 상대적으로 기차가 시속 100킬로미터로 달리고 있을 뿐인 거지요.

만약 내가 기차 옆에서 자동차로 시속 90킬로미터로 달리고 있다고 합시다. 그 때 기차는 내가 보기에 시속 10킬로미터(100-90)로 달리고 있을 겁니다. 나에 대한 기차의 상대 속도는 단지 시속 10킬로미터밖에 되지 않으니까요.

결론적으로 말하면, 갈릴레이의 상대성 원리는 우리가 알 수 있는 운동은 절대적인 것이 아니라 단지 상대적인 것뿐이라는 얘깁니다.

갈릴레이가 죽은 해(1642년)에 태어난 영국의 과학자 아이작 뉴턴은 갈릴레이의 연구를 더욱 발전시켰습니다. 힘을 가하지 않는 한, 모든 물체는 정지해 있거나 일정한 속도로 움직인다는 원리는 관성의 법칙으로 정리되었습니다.

힘이 가해진 물체는 가속 운동을 한다고 했지요? 이 때 점점 속도가 빨라지거나 느려지는 정도(속도의 변화율)를 '가속도'라고 합니다.

물체가 공중에서 떨어지면 점점 속도가 빨라집니다. 이것을 흔히 '중력 가속도'라고 합니다. 갈릴레이도 중력 가속도를 알고 있었지만 왜 그렇게 되는지는 몰랐습니다. 뉴턴은 질량을 가진 모든 물체는 서로 끌어당긴다는 중력 법칙으로 이 문제를 해결했습니다. 지구 중심에서 물체를 계속 끌어당기고 있기 때문에 점점 속도가 빨라지는 거지요.

일반적으로 질량이 크면 클수록 끌어당기는 힘은 더 크고, 물체 사이의 거리가 멀면 멀수록 끌어당기는 힘은 빠르게 줄어듭니다.

 뉴턴이 발견한 물체의 운동 법칙과 중력 법칙은, 실제로 움직이는 물체와 태양 둘레를 도는 행성들의 운동에 너무나 잘 들어맞았기 때문에, 그 뒤 3백여 년 동안 아무도 도전할 수 없는 위대한 법칙으로 추앙받았습니다.

 그런데 갈릴레이와 뉴턴의 물리학이 어디가 잘못되었기에 아인슈타인은 그 불멸의 권위에 도전장을 던진 걸까요?

 먼저 아인슈타인은 어떤 물체가 빛의 속도로 움직이면 갈릴레이의 상대성 원리와 맞지 않는다는 것을 알았습니다. 상대성 원리는, 물체가 정지해 있거나 일정한 속도로 움직이는 것은 결코 구별할 수 없다고 했습니다. 그런데 빛의 속도(일정한 속도)로 움직일 때 거울 속의 자신을 볼 수 없다는 것은, 정지해 있을 때 거울 속의 자신을 보는 것과 앞뒤가 맞지 않지요?

 다음으로 뉴턴의 운동 법칙과 모순이 되는 것은, 빛이 '파동'이라는 것을 알아야 이해할 수 있습니다. 파동이라는 것은, 파도가 아래위로 출렁거리는 모습을 상상하면 됩니다. 물결처럼 파가 아래위로 움직이며 나아가는 것을 파동이라고 합니다. 이 때 파가 위로 둥그렇게 올라온 부분을 '마루', 아래로 움푹 내려간 부분을 '골'이라고 합니다.

　아인슈타인이 태어나기 얼마 전에 맥스웰이라는 영국의 과학자가, 빛은 전자기파와 똑같다는 것을 밝혔습니다. 전기와 자기의 힘으로 물결처럼 파동을 일으키며 나아가는 것을 '전자기파'라고 합니다. 맥스웰은 전자기파가 빛과 마찬가지로 초속 30만 킬로미터로 움직인다는 것도 알아냈습니다.

　여기서 아인슈타인은 또 다른 사고 실험을 했습니다.

　'만약 빛과 같은 속도로 움직인다면 빛의 파동은 어떻게 될까?'

　빛은 언제 어디서나 파동으로 존재해야 합니다. 그런데 빛과 속도가 같아지면 파동의 어느 한 부분과 함께 움직이겠지요? 그러면 출렁거리는 파동을 보는 것이 아니라, 파동의 한 부분밖에 볼 수 없을 겁니다. 빛은 더 이상 파동이 아닌 거지요. 이것은 맥스웰이 증명한 빛의 원리와 맞지 않습니다.

　맥스웰의 전자기파(빛) 원리에 의하면, 어떤 물체도 빛과 같은 속도로 움직일 수 없다는 결론이 나옵니다. 그런데 뉴턴은 속도가 무한히 빨라질 수 있다고 생각했습니다.

속도에 한계가 없으니 빛보다 빠른 물체가 있을 수 있다는 말이지요. 아인슈타인이 보기에 이것은 명백한 모순이었습니다.

이렇게 해서 '빛에 올라타서 빛과 함께 날면 어떻게 될까?' 라는 아인슈타인의 고민은, 빛의 속도에서는 갈릴레이의 상대성 원리와 뉴턴의 운동 법칙이 성립하지 않는다는 것을 발견했습니다.

빛의 속도와 함께 아인슈타인을 고민에 빠져 들게 한 것은 '시간'이었습니다.

시간이란 무엇일까요? 꽃은 피었다 시들고,. 사람은 태어나서 나이가 들고 언젠가는 죽습니다. 지나간 과거와 지금 현재가 있으며, 또 다가올 미래가 있습니다. 여기에는 모두가 인정할 수밖에 없는 공통된 현상이 있습니다. 마치 강물이 흐르는 것처럼 세상은 끊임없이 변한다는 것입니다.

눈에 보이지 않을 뿐더러 시작과 끝을 알 수 없으며, 어느 누구도 막거나 거스를 수 없는 거대한 변화의 흐름, 그것을 사람들은 시간이라고 부릅니다.

그런데 우리가 일상 생활에서 느끼는 시간은 아주 제멋

대로입니다. 재미없는 영화를 보면 시간은 무척 길게 느껴지고, 친구랑 즐겁게 놀다 보면 몇 시간도 후딱 지나가 버립니다. 이처럼 마음으로 느끼는 시간은 일정하지 않습니다.

　시간을 누구나 공통으로 느끼는 일정한 길이로 이해하기 위해 과학자들은 시계를 만들었습니다. 좌우로 흔들리는 진자에 톱니바퀴를 물려, 시계 바늘이 일정한 간격으로 움직이게 한 것이 초기 시계의 원리였습니다.

　아인슈타인은 추상적이고 제멋대로 변하는 시간은 철학자나 시인에게 맡기고, 과학자는 객관적이고 측정 가능한 시간만을 고려해야 한다고 생각했습니다. 그래서 시계만이 시간을 측정하는 유일한 도구라고 믿었습니다.

　아인슈타인이 생각한 객관적인 시간이란, 어떤 사건과 시계 바늘이

시계 문자판의 특정한 숫자를 가리키는 사건이, 동시에 일어났을 때를 말합니다. 예를 들면 '기차가 7시에 도착한다'는 말은, 시계의 작은 바늘이 7이라는 숫자를 가리키는 것(사건)과 기차가 도착하는 것(사건)이 동시에 일어난다는 뜻입니다.

이것이 우리가 일상 생활에서 자연스럽게 이해하고 있는 시간입니다. 그런데 이것을 조금 엄밀하게 따져 보면, 곧 문제가 있다는 것을 발견하게 됩니다.

예를 들어 두 사람이 멀리 떨어져 있고 그들을 잇는 직선의 중간 지점에 또 다른 사람이 양초를 들고 서 있다고 합시다(그림 1). 양쪽 두 사람의 시계는 사전에 정확하게 맞추어 놓았습니다. 가운데 있는 사람이 촛불을 켜자, 양쪽에 있는 두 사람이 동시에 시계를 보았습니다. 두 사람의 시계는 정확하게 같은 곳을 가리키고 있겠지요? 만약 왼쪽에 있는 사람의 시계가 7시를 가리키고 있다면, 오른쪽에 있는 사람의 시계도 7시를 가리키고 있을 겁니다.

이번에는 양쪽에 있는 두 사람이 모두 오른쪽을 향해 달리고 있다고 합시다. 그러니까 왼쪽에 있는 사람은 가운데 사람을 향해 다가가고 있고, 오른쪽에 있는 사람은 가운데 사람으로부터 멀어지고 있습니다.

가운데 사람이 촛불을 켰습니다. 불빛을 본 순간 두 사람은 시간을 확인했습니다. 이 때도 두 사람의 시계는 같은 곳을 가리키고 있을까요? 아닙니다.

빛이 양쪽 사람에게 날아가고 있는 동안, 왼쪽 사람은 점점 가운데로 가까이 다가가고 오른쪽 사람은 점점 멀어지기 때문에, 빛이 도달하는 거리가 달라집니다. 그러므로 두 사람은 불빛을 동시에 본 것이 아닙니다. 만약 불빛을 본 순간 왼쪽 사람의 시계가 7시를 가리켰다면, 오른쪽 사람의 시계는 7시보다 좀더 지난 곳을 가리킬 것입니다. 시

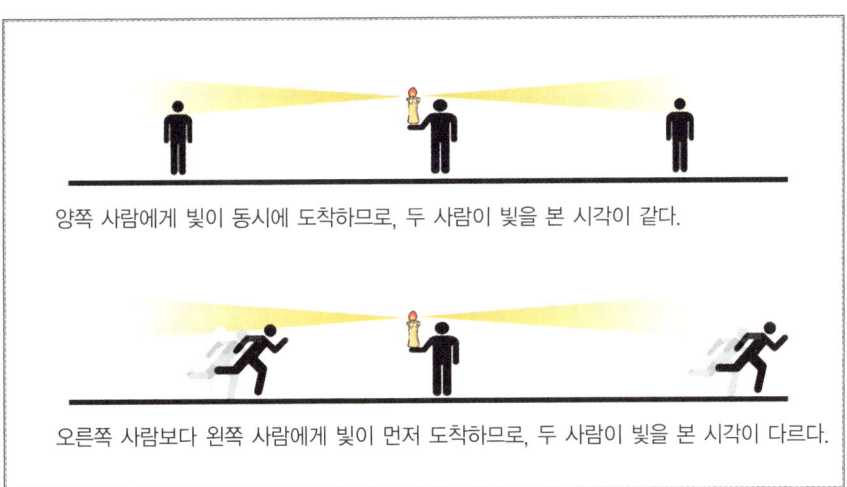

【그림 1】 '시간의 동시성'에 대한 아인슈타인의 사고 실험

간의 동시성이 이루어지지 않은 것입니다.

아인슈타인 이전 사람들은 내가 움직이든 정지해 있든, 상대방의 시계는 나와 똑같이 간다고 생각했습니다. 시계는 어디서든 동일하게 움직인다는 거지요.

그러나 아인슈타인은, 시간은 보는 관점에 따라 다르게 흐를 수도 있다는 놀라운 생각을 했습니다. 우리가 일상생활에서 두 사건이 동시에 일어났다고 하는 '시간의 동시성'이, 때로는 틀릴 수도 있다는 것을 발견한 거지요. 시간뿐만이 아닙니다. 아인슈타인은 시간이 달라진다면 공간도 변해야 한다고 생각했습니다.

시간과 공간은 나누어질 수 없는 한 가지 현상의 다른 모습입니다. 모든 사건은 시간과 공간의 관계 속에서 벌어집니다. 공간을 이동하기 위해서는 시간의 변화를 고려해야 하고, 시간의 흐름 속에서는 언제나 공간도 변합니다.

아인슈타인은 어떤 시간과 공간에서도 물리 현상은 동일하게 이해되어야 한다고 생각했습니다. 기차 안에서 보든 기차 밖에서 보든, 빛이 움직이는 현상에 대한 자연 법칙은 동일해야 한다는 거지요.

이것이 아인슈타인의 고민이었습니다. 거의 십여 년 가

깝게 아인슈타인은 이것을 생각했습니다. 특허청에 취직하고도 밤만 되면 이 문제를 놓고 씨름했습니다. 이제는 그의 아내가 된 밀레바와도 많은 대화를 나누었지만 확실하게 결론을 낼 수가 없었습니다.

1904년 어느 봄날, 아인슈타인은 친구 베소의 집에서 베소와 함께 평소처럼 여러 가지 이야기를 나누고 있었습니다. 아인슈타인의 머릿속은 시간과 공간에 대한 생각으로 가득 차 있었습니다. 그런데 베소에게 어떤 문제에 대한 도움이 필요하다고 말하려는 순간, 그의 머릿속에서 뭔가 번쩍 하고 떠올랐습니다. 아인슈타인은 질문을 미처 마치기도 전에 집을 뛰쳐나갔습니다. 베소는 무엇에 홀린 것처럼 달려나가는 친구를 보고 무척 황당해 하였습니다.

그날 밤 아인슈타인은 문제의 핵심을 이해했고 모든 것을 알아냈습니다. 다음날 아인슈타인은 친구에게 문제를 해결했다며 고맙다는 말을 했습니다. 아인슈타인이 찾아낸 문제의 핵심은 무엇이었을까요?

바로 빛의 속도는 변하지 않는다는 것이었습니다! 좀더 정확하게 말하면, 빛의 속도는 관측자가 일정한 속도로 움직이는 한, 관측자의 속도가 얼마이든 관계없이 항상 일정

하다는 것입니다!

속도란 달린 거리를 시간으로 나눈 값입니다. 아주 단순한 개념이지만 묘한 의미가 들어 있습니다. 속도는 결국 공간을 시간으로 나눈 값이지요.

앞에서 말했듯이 시속 100킬로미터로 달리는 기차 옆에 시속 90킬로미터로 달리는 자동차가 있다면, 자동차에서 보기에 기차는 시속 10킬로미터(100-90)로 달리고 있다고 느낍니다.

자동차가 속도를 내어 시속 100킬로미터에 이르면 자동차와 기차는 똑같은 속도로 움직이고 있습니다. 만약 주변에 다른 물체들이 없고 차가 흔들리지 않는다면, 자동차와 기차는 서로 멈춰 있다고 생각할 것입니다.

자, 그럼 이번에는 빛의 속도에서 생각해 봅시다. 초속 26만 킬로미터로 날아가고 있는 로켓이 앞을 향해 빛을 쏘았습니다. 관측자는 빛의 속도를 얼마로 볼까요?

바로 앞에서 말한 것처럼 이해한다면, 빛은 로켓보다 초속 4만 킬로미터(30만-26만) 더 빠르게 날아갈 것입니다. 그러나 여기서 상상조차 할 수 없는 놀라운 일이 벌어집니다. 초속 4만 킬로미터로 날 것 같은 빛은 여전히 초속 30만 킬로미터로 날아가고 있습니다!

　로켓이 열심히 속도를 내어 초속 29만 9천 킬로미터까지 되었다고 합시다. 빛은 겨우 초속 1천 킬로미터로 앞서 갈 것 같지만 여전히 초속 30만 킬로미터로 날아갑니다. 로켓이 아무리 빨리 날아 빛에 가까이 다가가려 해도, 빛은 언제나 30만 킬로미터로 날아갈 뿐입니다. 로켓은 영원히 빛을 따라잡을 수 없습니다.

　사실 아인슈타인은 빛의 속도가 일정하다는 것을 가정만 했습니다. 실제 관측으로 알아낸 것이 아니라, 빛의 속도가 달라졌을 때 생기는 여러 문제를 해결하기 위해 직관적으로 그렇게 이해했던 것입니다.

　그 무렵 몇몇 과학자들이 실험으로 그 사실을 밝혀 냈으나 아인슈타인은 전혀 몰랐습니다. 나중에 많은 물리학자들이 실험과 관측을 통해 빛의 속도가 일정하다는 것을 증명했습니다.

　그런데 빛의 속도가 일정하다는 것이, 아인슈타인이 고심한 시간과 공간의 문제를 어떻게 해결한 것일까요?

　이번에는 빛이 진자 역할을 하는 시계를 만들어 봅시다 (그림 2).

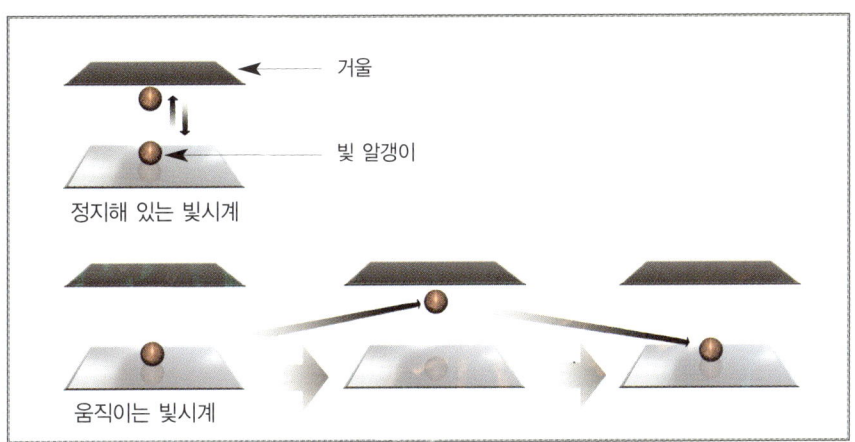

【그림 2】 정지해 있는 빛시계보다 느리게 가는, 움직이는 빛시계

그림과 같이 일정한 거리에 떨어져 서로 마주보는 거울이 있다고 합시다. 빛이 거울에 수직으로 부딪치면 반사되어 아래위로 왔다갔다 하겠지요? 마치 진자가 일정하게 흔들릴 때마다 시계가 움직이는 것처럼, 빛이 양쪽 거울에 한 번씩 부딪칠 때마다 똑딱거리는 시계가 있다고 합시다. 이른바 '빛시계'입니다. 이해하기 쉽게 빛을 조그만 알갱이라고 생각합시다.

두 시계가 모두 정지해 있을 때는, 동시에 움직인 빛 알갱이가 거울의 양쪽 면을 동시에 두드릴 것이고, 그 때마다 똑딱거리는 소리가 똑같이 들릴 것입니다.

이제 시계 하나가 오른쪽으로 빠르게 움직이고, 다른

시계는 제자리에 멈춰 있습니다. 시계가 움직이는 동안 빛 알갱이가 아래 거울에서 위 거울로 날아갑니다. 빛 알갱이는 시계가 이동한 만큼 더 먼 거리를 날아, 위 거울에 도착합니다. 그리고 그 때 똑딱! 소리가 들리겠지요.

빛의 속도는 정지해 있는 시계든 움직이는 시계든 똑같습니다. 그러므로 정지해 있는 시계보다 더 먼 거리를 간다면 분명히 더 많은 시간이 걸릴 것입니다. 정지해 있는 시계가 똑딱거리고 나서, 조금 뒤에 움직이고 있는 시계가 똑딱거리겠지요. 움직이고 있는 시계가 정지해 있는 시계보다 더 느리게 가고 있습니다!

그럼 움직이고 있는 시계에 있는 관찰자는, 이 상황을 어떻게 볼까요? 자신의 시계가 정상적으로 똑딱거리고 상대방의 시계가 느리게 가는 것으로 보일 것입니다. 일정한 속도로 움직이는 관찰자는, 자신이 정지해 있는지 움직이고 있는지 전혀 알 수 없다고 했습니다. 그러므로 움직이는 관찰자는, 자신이 멈춰 있고 정지해 있는 시계가 움직이는 것처럼 보일 것입니다. 상대방의 시계가 느려지는 것은 앞에서와 똑같습니다.

이것이 아인슈타인의 '특수 상대성 이론' 입니다. '특수'

라는 말은 모든 운동이 아닌, '등속 운동'에 대한 상대성 이론을 말합니다. 아인슈타인은 빛의 속도가 일정하다는 가정을 가지고 일정한 속도로 움직이는 관찰자들의 상대적인 운동 상태를 완전히 밝혀 낸 것입니다.

내가 정지해 있든 일정한 속도로 움직이든 모든 관찰자는 자신이 정지해 있다는 관점에서 상대방의 운동 상태를 알 수 있습니다. 이것이 아인슈타인이 원했던, 관찰자가 어디에 있든 물리 법칙은 동일해야 한다는 원리입니다.

물리 법칙이 동일하기 위해서는 빛의 속도가 언제나 일정해야 합니다. 빛의 속도가 일정하면 정지해 있는 관찰자가 보기에, 일정한 속도로 움직이는 관찰자의 시계는 느리게 갑니다. 또한 길이도 움직이는 방향으로 짧아집니다. 공간이 수축된다는 것입니다.

이것으로 시간의 동시성 문제나 뉴턴의 가속도 문제가 모두 해결되었습니다. 시간은 어디에서나 똑같이 흐르는 것이 아니라, 일정한 속도로 움직이는 경우 정지해 있을 때보다 시간이 느리게 갑니다.

그러나 움직이는 관찰자가 무한히 빨라질 수는 없습니다. 빛의 속도에 가까워질수록 점점 시간이 느려지다 마침

내 빛의 속도가 되면 시간이 '0'이 됩니다. 시간이 멈춰 버리고 마는 것입니다. 길이 또한 줄어들어 마찬가지로 '0'이 됩니다.

이것은 어떤 물체도 빛의 속도에 도달할 수 없다는 말과 같습니다. 그러므로 뉴턴이 생각했던 무한한 속도는 불가능한 얘깁니다.

이 세상에 존재하는 그 어떤 것도 빛의 속도를 넘지 못합니다. 빛의 속도가 모든 속도의 한계인 것입니다. 다만 한 가지 예외가 있다면 그것은 빛 그 자체입니다. 빛 자신만이 빛의 속도로 움직입니다. 그래서 빛은 시간이 없습니다. 영원히 늙지 않지요. 우주 탄생의 초기부터 지금까지 빛은 한결같이 그대로입니다.

빛은 영원히 사니까 행복할 것 같지만 때로는 몹시 지겨워할지도 모릅니다. 왜냐하면 변화하는 것이 아름답기 때문이지요. 나무가 봄에 새싹을 틔우고 여름에 푸르름으로 무성했다가 가을에 붉은 빛으로 낙엽을 떨어뜨리는 모습이 아름답지, 언제나 한 가지 색으로 존재한다면 우리가 그것을 아름답다고 느낄까요?

상대성 이론은 일상 생활에서는 잘 느끼지 못합니다.

왜냐하면 대부분의 운동이 빛의 속도보다 훨씬 느리기 때문입니다. 그러나 별이나 원자(물질을 이루는 최소 입자)처럼 빛의 속도를 고려해야 하는 영역에서는, 반드시 상대성 이론을 함께 다루어야 합니다. 실제로 원자보다 작은 물질이 움직일 때는 거의 빛의 속도에 가깝기 때문에, 시간이 느려지는 것을 분명히 관찰할 수 있습니다.

아인슈타인은 우리가 사는 세상을 4차원 시공간(시간과 공간)으로 확장시켰습니다. 옛날에는 시간이 언제나 일정하게 흐른다고 생각했기 때문에 3차원 공간에서 시간은 별로 중요하지 않았습니다. 그러나 아인슈타인이 시간의 본질을 밝혔기 때문에 이제는 공간이 변하면 반드시 시간의 변화도 고려해야 합니다.

우리는 3차원 공간을 자유롭게 움직입니다. 하늘을 날 수도 있고 바닷속에 들어갈 수도 있습니다. 비행기를 타면 지구 어디든 짧은 시간 안에 갈 수 있습니다. 시간이 새로운 차원으로 격상되어 3차원 공간과 함께 이제 4차원 시공간이 되었다면 우리는 시간에 대해서도 자유롭지 않을까요?

사람들은 시간은 언제나 한 방향으로만 흐른다고 생각

합니다. 과거에서 현재, 미래로만 흐르지 현재에서 과거로, 또는 미래에서 과거로 시간이 흐른다는 것은 있을 수 없다고 생각합니다. 이것이 바로 우리가 3차원 공간에서 존재하는 생물이라고 보기 때문에 가지는 한계입니다.

아인슈타인의 상대성 이론은 시간에 대해서 자유롭습니다. 시간은 얼마든지 미래에서 과거로 흐를 수 있습니다. 현재에서 미래로도 갈 수 있습니다. 상대성 이론은 이것을 허용합니다. 그래서 타임머신이 나온 것입니다. 타임머신을 타고 과거로 갈 수 있다는 것은 시간에 대해서 자유로울 때 가능한 것입니다.

1905년에 26살의 아인슈타인은 특허사무소에서 일을 하면서 다음과 같은 논문 네 편을 독일의 저명한 물리학 잡지인 《물리 연감》에 발표했습니다.

1. 빛의 발생과 변환에 대한 발견적 관점(광전 효과)
2. 분자 차원의 새로운 결정, 정지 액체 속에 떠 있는 작은 입자들의 운동에 대하여(브라운 운동)
3. 운동하는 물체의 전기 역학에 대하여
   (특수 상대성 이론)

4. 물체의 관성은 에너지 함량에 의존하는가?
　　(질량과 에너지는 같다)

여기서 세 번째 논문이 특수 상대성 이론에 대한 것입니다. 네 편의 논문은 오늘날 인류 역사상 가장 위대한 논문 가운데 하나로 인정받고 있습니다. 그래서 이 논문들은 옛날 문서를 수집하는 사람들에게 매우 인기가 높습니다.

이 논문들이 발표되고 처음 몇 년 동안은 아무도 관심을 가지지 않았습니다. 너무나 독창적이고 파격적이어서 아인슈타인의 이론을 이해한 과학자들이 별로 없었기 때문이지요.

비록 논문들은 잠자고 있었지만, 훗날 아인슈타인은 특허사무소에서 일한 몇 년이 인생에서 가장 행복했던 때라고 말했습니다.

질량과 에너지의 관계를 밝힌 공식, $E = mc^2$

1905년에 발표한 네 번째 논문은 사고 실험을 제안한 3쪽짜리 짧은 논문이었다. 하지만 내용은 실로 엄청난 것이었다. '질량과 에너지는 같다'는 것이다. 아인슈타인 이전 과학자들은 질량과 에너지를 다른 것으로 이해했다. 어떻게 가만있는 쇳덩이와 빨갛게 달아오른 쇠에서 나오는 열을 같다고 볼 수 있겠는가?

우라늄이나 라듐과 같은 원자들은 자연적으로 빛을 내보내고 다른 원자로 바뀐다. 이런 성질을 '방사능'이라고 한다. 방사능은 불안정한 원자가 어떤 최소 입자를 내보내고(우리가 보기에 빛의 형태다) 안정된 원자가 되는 과정이다.

아인슈타인은 방사선을 내보내기 전의 원자와 내보낸 후의 원자 질량을 비교해 보았다. 둘의 질량은 같지 않았다. 질량의 일부가 사라진 것이다. 사라진 질량이 에너지라는 빛으로 방출된 것이다.

사라진 질량(m)과 방출된 에너지(E)의 관계를 식으로 나타내면, $E = mc^2$이 된다. 여기서 c는 빛의 속도다. 그러므로 아주 적은 질량이라도 그것이 에너지로 바뀌면 엄청난 양이 된다는 것을 알 수 있다.

예를 들어 우라늄 1그램의 질량이 에너지로 바뀌면 10억 개의 전구를 한 시간 동안 밝힐 수 있다. 우리가 오랫동안 사용해 온 에너지원인 석탄으로 환산해 보면 더욱 놀랄 것이다. 석탄 3000톤이 내는 에너지와 같다. 이것이 원자 폭탄을 만드는 중요한 아이디어가 되었음은 사실이다.

일본에 떨어진 원자 폭탄은 그것에 사용된 우라늄 질량의 1%만이 에너지로 변한 것이다. 만약 어떤 물질이 완전히 에너지로 바뀔 수 있다면 인류는 꿈의 에너지를 얻게 될 것이다. 과학자들은 그것에 대해서 지금도 연구하고 있다.

질량의 변화를 앞에서 말한 상대성 이론으로 따져 보는 것도 재미있다. 만약 어떤 물체가 빛의 속도에 가까워지면 그것의 질량은 어떻게 될까?

물체가 빛의 속도에 도달하기 위해서는 끊임없이 에너지를 공급해 줘야 한다. 뉴턴의 운동 법칙에 의해 가속도를 얻기 위해서는 계속 힘을 가해 줘야 하는 것이다. 그런데 에너지는 곧 질량이므로 보태진 에너지는 고스란히 질량으로 더해진다. 그러므로 물체가 빛의 속도에 가까워질수록 질량은 점점 커지게 된다.

만약 빛의 속도에 이르게 되면 질량은 무한대가 된다. 결국 그 물체는 빛의 속도에 다다르지 못한다. 빛의 속도를 얻기 위해서는 무한대의 에너지가 필요하기 때문이다. 이것으로도 어떤 물질이든 빛의 속도를 낼 수 없는 까닭을 알 수 있을 것이다.

3
양자 역학의 시작, 광전 효과에 대하여

    1905년에 발표한 논문 가운데 세 번째 논문은 '광전 효과'에 대한 것입니다. 이것은 상대성 이론과 더불어 20세기 물리학의 두 기둥인 양자 역학의 문을 연 중요한 논문이기도 합니다.

    광전 효과를 이해하기에 앞서 빛에 대해서 좀더 알아봅시다. 빛이란 도대체 무엇일까요? 우리는 빛이 없으면 살지 못합니다. 밝은 햇빛 아래서 살아 움직이는 모든 생물은 그 빛이 주는 에너지를 먹고 존재합니다. 빛을 통해 우리는 모든 사물을 보고 그 아름다움에 감탄합니다. 빛이란 살아 있는 것의 근원이라고 할 수 있습니다.

아주 옛날부터 시인이나 예술가뿐만 아니라 과학자들도 빛의 본성에 대해 생각했습니다. 그들도 빛의 근원이 태양이라는 것은 알았습니다. 왜냐하면 밤이 되면 해가 사라지고 더 이상 빛도 없다는 걸 금방 알 수 있었으니까요.

하지만 그것이 어떻게 태양에서 생기는 건지, 어떤 방식으로 지구까지 날아오는지는 전혀 알지 못했습니다. 갈릴레이, 뉴턴이 살았던 17, 18세기까지도 그랬습니다.

뉴턴은 유리로 된 프리즘이라고 하는 분광기를 만들어, 우리 눈에 하얗게 보이는 빛이 사실은 여러 가지 색깔로 되어 있다는 것을 밝혔습니다. 아마도 빛에 대해 최초로 과학적으로 접근한 사람이 뉴턴일 것입니다.

뉴턴은 오래도록 빛을 연구하여 《광학》이라는 유명한 책을 썼습니다. 그 책에서 뉴턴은 빛이 입자로 되어 있다고 주장했습니다. 입자라는 것은 작은 알갱이를 말합니다. 뉴턴이 빛을 알갱이로 본 까닭은, 빛이 어떤 상황에서든 똑바로 날아간다고(직진) 생각했기 때문입니다.

뉴턴과 같은 시대 과학자인 호이겐스는 빛은 파동이라고 주장했습니다. 입자냐, 파동이냐가 중요한 것은 물질이 움직여 가는 방식, 곧 에너지를 전달하는 방식이 전혀 다르기 때문입니다.

입자는 단순하게 생각하면, 하나의 덩어리가 똑바로 날아가 다른 물체에 부딪쳐 에너지를 주거나 빼앗습니다. 야구공이나 총알을 생각하면 이해하기 쉬울 것입니다.

그러나 파동은 성질이 아주 복잡합니다. 파동이 움직여 가다가 사물에 부딪칠 때는 반사, 굴절, 회절, 간섭과 같은 여러 가지 현상이 일어납니다.

반사는, 파동이 사물에 부딪쳐 도로 튀어나오는 현상입니다. 우리가 거울을 볼 때 우리 모습이 비치는 것은, 빛이 반사되기 때문입니다. 굴절은, 파동이 밀도가 다른 매개물을 통과할 때 일어나는 현상입니다. 물에 손을 넣으면 물 속에 비친 손이 짧아진 것처럼 보입니다. 이것은 물이 공기보다 밀도가 높기 때문에 빛이 물 속에서 속도가 떨어지면서 꺾이기 때문에 나타나는 모습입니다.

회절은, 햇빛을 직접 받지 않는 그늘진 곳에도 빛이 존재하는 현상입니다. 만약 빛이 직진만 한다면 담 모퉁이는 완전히 어두워야 하지만, 어느 정도 빛이 있는 것은 빛이 직진하다가 장애물을 만나면 구부러지기 때문입니다. 이것을 회절이라고 합니다.

간섭은 파동과 파동이 만나면 서로 겹쳐져 어떤 곳은 더 큰 파가 만들어지고 어떤 곳은 파가 사라지는 현상입니다. 파동은 한마디로 마루와 골이 반복되면서 진행하는 것입니다. 이 때 마루와 다음 마루 사이를 '파장'이라고 합니다. 물론 골과 다음 골 사이를 파장이라고 해도 됩니다. 그런데 두 개의 파동이 서로 다른 방향에서 움직이다가 만났다고 합시다. 그러면 마루와 마루, 골과 골이 겹칠 수도 있고 마루와 골, 골과 마루가 겹칠 수도 있겠지요(그림 3)?

만약 마루와 마루, 골과 골이 겹치면 파동은 그 둘을 합친 만큼 에너지가 커져서 더 큰 파동을 만듭니다. 그러나

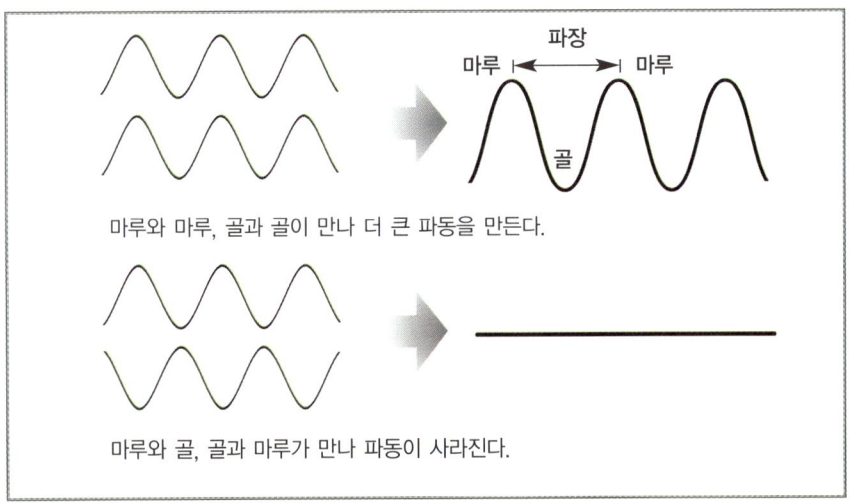

마루와 마루, 골과 골이 만나 더 큰 파동을 만든다.

마루와 골, 골과 마루가 만나 파동이 사라진다.

【그림 3】 파동의 '간섭'

마루와 골, 골과 마루가 만나면 에너지가 서로 반대 방향으로 흐르고 있기 때문에 파동이 사라져 버립니다. 이것을 파동의 '간섭'이라고 합니다.

손가락 두 개를 붙여 햇빛을 향해 뻗어 보십시오. 그 상태에서 붙인 손가락을 아주 조금 틈을 벌리면 빛이 새어 들어 옵니다. 이 때 빛이 부채나 우산살처럼 보입니다. 밝은 부분은 파동이 강해진 것이고, 어두운 부분은 파동이 사라진 것입니다.

호이겐스 이후로 많은 과학자들이 빛의 파동성을 실험으로 증명했기 때문에, 19세기 중반 무렵에는 거의 모든 과학자들이 빛은 파동이라고 믿었습니다.

19세기의 위대한 과학자인 패러데이, 맥스웰은 전기와 자기의 성질을 연구하면서 '장(마당)'이라는 중요한 물리학적 개념을 만들었습니다.

종이 위에 쇳가루를 뿌려 놓고 자석을 갖다 대면, 아무렇게 흩어져 있던 쇳가루가 둥그런 모양을 이루면서 일정한 방향으로 질서가 잡힙니다. 자석에서 나오는 자기력이 공간에 퍼져 자기적 성질이 있는 쇳가루에게 영향을 미쳤기 때문이지요.

이처럼 눈에 보이지 않는 공간에 어떤 힘이나 에너지가 퍼진 상태를 장이라고 합니다. 자석 둘레에 자기력이 퍼져 있는 것을 '자기장'이라고 하고, 전선 둘레에 전기력이 퍼져 있는 것을 '전기장'이라고 합니다.

두 물체 사이에 중력이 작용하는 것도 그들 사이에 퍼져 있는 '중력장'에서 서로 영향을 미치기 때문입니다.

그런데 전선 둘레에 발생하는 전기력은 실제로 어떻게 퍼져 나갈까요? 전기력과 자기력이 교대로 파동처럼 퍼져 나갑니다. 처음에 전기장이 생기고 그 전기장은 그 바깥으로 자기장을 만듭니다. 자기장은 다시 전기장을 만들고 전기장은 또다시 자기장을 만듭니다. 이렇게 전선 둘레에서는 전기장과 자기장이 번갈아 생기면서 '전자기력'이라는 에너지를 멀리까지 내보냅니다.

이것으로 맥스웰은 전기력과 자기력이 같다는 것을 밝혔고, 이렇게 퍼져 나가는 파동을 '전자기파'라고 불렀습니다. 빛이 전자기파라는 것도 밝혔습니다.

아인슈타인이 광전 효과를 발표하기 5년 전인 1900년에 독일의 물리학자 막스 플랑크는 빛이 연속적으로 흐르는 에너지가 아니라 양자라고 하는 에너지 덩어리로 되어 있다는 혁명적인 논문을 발표했습니다.

　빛이 파동이라는 사실이 수많은 실험에 의해 더 이상 의심 없이 인정받고 있던 때에 터져 나온 플랑크의 양자 이론은, 과학계를 발칵 뒤집었습니다. 양자라는 말은 빛이 불연속적으로 띄엄띄엄 존재하는 에너지 알갱이라는 말입니다. 곧 입자라는 얘기지요. 과학계에 미친 충격이 너무 컸기 때문에 플랑크는 과감하게 주장을 내세우지 못했습니다.

　이 때 아인슈타인은 빛이 입자(알갱이)인 것은 보편적인 현상이라고 주장했습니다. 이것을 아인슈타인은 광전 효과로 밝힌 것입니다.

　자외선을 금속 표면에 쏘이면 금속에 흐르고 있던 전자가 일정한 에너지를 가지고 금속 바깥으로 튀어나옵니다. 말하자면 전류가 흐르는 것입니다. 이렇게 빛으로 전류를 일으키는 현상을 '광전 효과'라고 부릅니다.

　광전 효과를 쉽게 볼 수 있는 것은 승강기입니다. 승강기 문이 자동으로 닫히려다가 사람이 가운데 있으면 도로 열리지요? 여기에 광전 효과가 있습니다. 빛이 승강기 문을 가로질러 반대편 금속 표면에 도달하면 전류가 흐릅니다. 전류가 흐르면 문이 닫힙니다. 그런데 빛이 문에 걸려 있는 사람에 의해 차단되면 반대편 금속에 도달하지 못하겠지요? 그러면 전류가 흐르지 않습니다. 전류가 흐르지 않으면 문은 열리게 됩니다.

아인슈타인은 일정한 진동수(1초 동안에 반복되는 파장의 횟수)를 가진 에너지 양자를 빛 알갱이, 즉 '광자'로 생각했습니다. 광자가 금속에 떨어지면 흐르고 있던 전자에게 에너지를 전부 건네주는데, 그것을 받은 전자는 금속의 표면까지 나올 동안 다른 입자에게 일부 에너지를 빼앗기고 남은 에너지로 금속 바깥으로 튀어나온다는 것입니다. 만약 금속 바깥으로 튀어나올 만큼의 에너지가 없다면 그 전

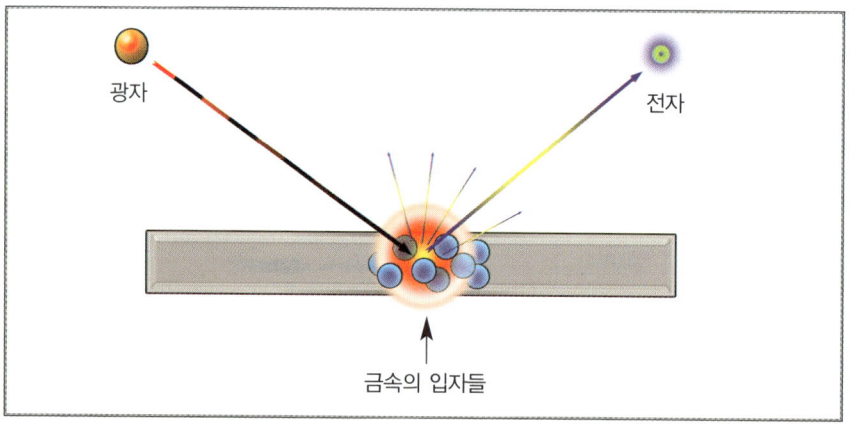

【그림 4】 빛이 입자임을 보여 주는 '광전 효과'

자는 결코 금속을 벗어날 수 없겠지요(그림 4).

그런데 전자를 튀어나오게 하는 것은, 오직 광자의 진동수에 달린 문제였습니다. 빛은 파장이 다른 전자기파들로 이루어져 있어서, 파장의 길이가 다르면 광자의 진동수도 달라집니다. 그래서 어떤 진동수를 넘지 않는 광자는 아무리 많은 숫자로 금속을 때려도, 즉 빛의 세기(에너지)를 크게 해도 결코 전자를 튀어나오게 할 수 없는 것입니다.

어떤 진동수를 넘어선 광자는 전자가 금속을 빠져나오고도 남을 만큼의 에너지를 건네줍니다. 전자가 금속을 빠져나오는 데 사용하는 에너지는 일정하므로 진동수가 커질수록 더 많은 에너지를 가지고 나오는 것입니다. 빛의 세기가 커지는 것은 금속을 때리는 광자의 수가 많아지는 것인데, 그에 따라 튀어나오는 전자의 숫자가 많아질 뿐 각각의 전자가 가지는 에너지가 커지는 것은 아닙니다.

이것이 아인슈타인이 1905년에 발표한 광전 효과에 관한 논문의 내용입니다. 이렇게 해서 빛이 입자로 되어 있다는 뉴턴의 주장이 3백년 만에 다시 부활했습니다.

미국의 밀리컨이라는 유명한 실험 물리학자가 아인슈타

인의 주장을 깨기 위해 십여 년 동안 비슷한 실험을 반복했지만 결국 빛을 입자로 보아야만 광전 효과를 설명할 수 있다는 결론을 내리고 손을 들었습니다. 그는 이 연구로 노벨 물리학상을 받았습니다.

물론 아인슈타인도 1921년 광전 효과로 노벨 물리학상을 받았습니다. 빛이 광자라는 입자 덩어리로 되어 있다는 생각은, 많은 사람들의 저항을 받았습니다. 그들은 빛의 파동성에 너무 익숙해 있었던 것입니다.

그러나 1920년대에 접어들어 많은 과학자들이 빛의 입자성을 실험으로 증명하자, 사람들은 서서히 빛이 입자로 되어 있다는 것을 믿기 시작했습니다. 하지만 풀리지 않는 의문은 여전히 남아 있었습니다.

빛이 입자라고 해서 파동이 아닌 것은 아닙니다. 틀림없이 파동으로서의 성질도 가지고 있지요. 그렇다면 빛은 파동이면서 동시에 입자란 얘긴가요? 한 물질이 동시에 두 가지 성질을 가질 수 있을까요? 수많은 과학자들이 이 모순에 빠져 헤어나지 못했습니다. 아인슈타인도 평생 이 문제에 시달렸지만 완전한 해답을 얻지는 못했습니다.

원자와 분자의 존재를 증명하는 '브라운 운동'

아인슈타인의 1905년 논문 가운데 두 번째 논문은 '브라운 운동'에 대한 해석을 담고 있다.

1827년 영국의 식물학자인 로버트 브라운(1773~1858년)은 물에 젖은 꽃가루를 현미경으로 관찰하다가 이상한 현상을 발견했다. 둘레에 아무런 변화가 없는데도 꽃가루가 제멋대로 끊임없이 움직이고 있었던 것이다.

처음에 브라운은 꽃가루가 물 위에서 살아서 움직인다고 생각했다. 살아 있는 생명체에서 나온 것이니까 아직도 살아 있다고 생각한 것이다. 그래서 브라운은 박물관에 있는 식물 표본 가운데 백 년도 더 된 꽃가루를 가지고 다시 실험해 보았다.

브라운은 백 년이나 된 꽃가루이므로 당연히 죽었을 테고, 그러면 더 이상 움직이지도 않을 거라고 생각했다. 그러나 놀라운 일이 벌어졌다. 꽃가루는 여전히 움직이고 있었다. 브라운은 돌가루, 재, 심지어 화석까지 실험해 보았지만, 그 모든 것들은 변함없이 물 위에서 움직이고 있었다.

브라운은 온갖 생각을 다 해 보았다. 하지만 확실한 답을 찾을 수 없었다. 결국 브라운은 실험 결과들을 논문으로 남겨 놓은 채 세상을 떠나고 말았다. 브라운의 연구를 기념하기 위해 이것을 '브라운 운동'이라고 한다.

브라운 운동의 원인은 거의 백 년 가까이 의문에 쌓여 있다가 마침내 아인슈타인에 의해 밝혀졌다. 아인슈타인 이전에 몇몇 유명한 과학자들은 기체들이 수많은 원자, 분자로 이루어져 있으며 사방팔방으로 제멋대로 움직이고 부딪치기 때문에 통계적인 방법으로 움직임을 분석해야 한다고 주장했다. 원자를 본 사람은 아무도 없었기 때문에 이들의 생각이 실험과 잘 맞았지만 믿지 않는 사람들도 많았다.

아인슈타인은 원자의 존재를 인정했다. 그래서 브라운 운동은 물 분자들이 아무런 방향성 없이 제멋대로 움직이기 때문에 생기는 것이라고 결론을 내렸다.

예를 들어 보자. 커다란 상자 안에 수많은 테니스공(물 분자들)이 들어 있는데, 아주 제멋대로 움직이고 있다. 이 상자 안에 농구공(꽃가루 알갱이)을 넣으면 어떻게 될까? 끊임없이 움직이는 테니스공에 부딪쳐 농구공이 이리저리 움직일 것이다. 이것이 물 분자들 때문에 생기는 꽃가루 알갱이의 운동이었다.

프랑스의 한 실험학자가 꽃가루 알갱이의 운동에서 아인슈타인이 계산한 값을 확인했다. 오늘날 과학자들은 아인슈타인이 최초로 원자의 존재를 증명하는 실험을 제안한 사람으로 인정하고 있다.

4
시간과 공간의 비밀, 일반 상대성 이론에 대하여

 1905년에 네 편의 논문을 발표하고도 아인슈타인은 여전히 특허사무소에서 일했습니다. 그것이 얼마나 위대한 논문인지 과학자들은 미처 알지 못했던 것이지요. 몇 년 동안 아인슈타인의 논문은 그의 시대가 올 날을 기다리며 조용히 묻혀 있었습니다.
 대부분의 과학자들이 상대성 이론이 무엇인지도 모를 때, 아인슈타인은 새로운 고민에 빠졌습니다. 자신이 발견한 특수 상대성 이론에서 중요한 문제점을 찾아냈기 때문입니다.
 아인슈타인은 모든 물리 현상을 하나로 이해할 수 있는

통합된 법칙을 생각하고 있었습니다. 자연을 이해할 수 있는 조화로운 법칙이 반드시 존재하리라 굳게 믿었습니다. 마치 뉴턴이 질량을 가진 모든 물질은 서로 끌어당긴다는 만유인력 법칙을 발견한 것처럼 말입니다.

'세상에서 절대적인 시간과 공간은 없다. 그러므로 모든 운동은 상대적이다.'라는 그의 생각은 진리였습니다. 그러나 특수 상대성 이론은 한 가지 커다란 한계가 있었습니다. 운동의 상태가 등속이라는 것입니다. 등속 운동이란 속도가 변하지 않고 일정한 방향으로 움직인다는 뜻입니다.

일정한 속도로 한 방향으로만 움직이는 물체는, 자신이 정지해 있는지 움직이고 있는지 알 수 없습니다. 그러므로 등속 운동을 하는 모든 물체는, 항상 자신이 정지해 있고 상대방이 움직인다고 생각하는 것입니다. 그래서 상대성 이론은 언제 어디서나 누가 관찰자이든지 동일한 방식으로 사물의 움직임을 설명할 수 있었습니다.

그런데 실제로 우리는 온갖 가속 운동을 하는 세상에서 살고 있습니다. 놀이 공원에서 롤러 코스터를 탔을 때, 극적인 속도 변화를 느껴 보았을 것입니다. 구부러진 선로를 올라갈 때는 낑낑거리며 천천히 움직이다가 내리막에서는 엄청난 속도로 떨어지지요? 속도 변화를 느낀다는 것은, 내가 움직이고 있는 것을 안다는 뜻입니다. 이것이 핵심적인 의미입니다. 즉 가속 운동은 특수 상대성 이론으로 설명할 수 없다는 애깁니다.

물리 법칙을 하나로 통합하고자 했던 아인슈타인에게 이것은 커다란 난관이었습니다. 자신의 이론이 반쪽짜리에 불과했던 것이지요. 가속 운동도 상대적이라는 것이 밝혀져야만 모든 운동에 대한 보편적인 물리 법칙을 세울 수 있었습니다.

그러나 이 문제는 말처럼 쉽지 않았습니다. 아무리 이리저리 생각을 굴려 보아도 도무지 뚜렷한 해답이 나오지 않았습니다. 무수한 좌절을 겪으면서도 아인슈타인은 포기하지 않았습니다. 왜냐하면 우주는 아무렇게나 존재하는 것이 아니라, 보이지 않는 내부에 틀림없이 조화로운 질서가 있다고 확신했기 때문입니다.

그 사이 몇 년의 세월이 흘렀습니다. 몇몇 유명한 과학자들이 특수 상대성 이론을 높이 평가하면서 아인슈타인은 조금씩 세상에 알려지기 시작했습니다. 1909년에 자신이

다녔던 취리히 공과 대학으로부터 교수로 초청을 받아 아인슈타인은 마침내 특허사무소 일을 그만두었습니다.

1911년에는 오늘날 체코에 있는 프라하 대학으로 자리를 옮겼습니다. 이 무렵부터 아인슈타인과 아내 밀레바는 사이가 나빠졌습니다.

아인슈타인은 상대성 이론을 완성하려는 생각에 온통 빠져 있었기 때문에 가정적이지 못했습니다. 특수 상대성 이론을 연구할 때만 해도 밀레바와 아인슈타인은 많은 대화를 나누었습니다. 공학을 공부했던 밀레바는 당시로서는 누구보다 앞선 여성이었습니다. 아인슈타인의 연구를 이해하고 있던 밀레바는 여러 가지 조언도 해 주었지요.

그러나 아이가 생기고 집안일에 많은 시간을 빼앗기면서 밀레바는 점점 아인슈타인의 연구를 따라잡지 못했습니다. 대화가 뜸해지자 아인슈타인은 차츰 자기만의 세계로 빠져 들었지요.

더구나 프라하는 인종적, 종교적 차별이 심해 밀레바는 잘 적응하지 못했습니다. 마치 무인도에 혼자 떨어진 것처럼 고립감을 느끼던 밀레바는, 더욱 말이 없어지고 침울하게 지냈습니다. 아내가 힘들어하는 것을 알지 못한 채 아

인슈타인은 오로지 강의와 연구에만 매달렸습니다.

　1912년에 취리히 공과 대학에서 다시 와 달라는 초청이 왔습니다. 이번에는 정교수 자리였습니다. 밀레바는 무조건 돌아가자고 했습니다. 마침 그 때 취리히 공과 대학에는 그의 친구 마르셀 그로스만이 수학 교수로 있었습니다.

　아인슈타인은 스위스로 돌아왔습니다. 그러나 일 년이 조금 넘어 다시 학교를 옮겼습니다. 1913년 봄에 플랑크가 찾아와 베를린 대학으로 갈 것을 제의한 것입니다.

　당시 베를린 대학은 과학 분야에서 세계 최고였습니다. 게다가 플랑크는 강의 시간을 최대한으로 줄이고 오로지 연구만 할 수 있도록 배려해 주겠다고 했습니다. 물론 밀레바는 반대했습니다. 이제 겨우 안정을 찾아가고 있는데, 또다시 음습한 대륙으로 들어간다는 것이 죽기보다 싫었습니다.

　그러나 1914년에 아인슈타인은 베를린 대학으로 자리를 옮겼습니다. 같이 온 밀레바는 얼마 있지 못하고 아이들을 데리고 스위스로 돌아가 버렸습니다. 거의 헤어진 거나 마찬가지였습니다.

　그 해 8월에 제1차 세계 대전이 일어났습니다. 독일의 저명한 지식인들이 〈문명 사회에 보내는 호소문〉이라는 글을 발표했습니다. 독일이 전쟁을 일으킨 것을 정당화하기 위해 앞선 독일 문화를 받아들여야 한다는 내용이었습니다. 그 선언문에는 플랑크를 비롯해 과학자, 미술가, 음악가, 작가 등 93명이 서명했습니다. 아인슈타인도 서명하라는 요구를 받았지만 거절했습니다. 아인슈타인은 전쟁을 반대하는 다른 나라의 지식인들과 뜻을 같이했습니다. 그러나 전쟁은 멈추지 않았고 무려 4년 동안이나 계속되었습니다. 아인슈타인은 크게 실망하여 더 이상 정치 문제에 관여하지 않고 오직 상대성 이론을 마무리 짓는 데만 온 정신을 집중했습니다.

아인슈타인이 1905년 논문에서 상대성 이론의 문제점을 발견하고 처음 어떤 실마리를 떠올린 것은 아직 특허사무소에서 일할 때였습니다.

'지붕에서 떨어지는(자유 낙하) 사람은 중력을 느낄까? 떨어지는 동안에는 중력이 존재하지 않는 게 아닐까?'

이것이 그 때 떠오른 생각이었습니다. 아인슈타인은 계속 생각을 이어갔습니다.

'물체는 질량에 관계없이 같은 중력장에서는 같은 가속

도로 떨어진다고 이미 갈릴레이가 밝히지 않았는가. 만약 한 개의 물체라도 중력장에서 다른 물체와 다르게 떨어진다면, 함께 떨어지는 사람은 그 물체를 통해 그가 떨어지고 있다는 것을 알게 될 것이다. 그러나 그런 일이 일어나지 않는다면, 그 사람은 자신이 중력장에서 떨어지고 있다는 어떤 증거도 발견할 수 없다. 오히려 그는 자신이 정지 상태에 있고 주변 환경이 무중력 상태에 있다고 생각할 것이다. 그러므로 무중력에서의 가속 운동이 물질과 관계없다는 사실은, 가속 운동도 상대성 이론으로 이해할 수 있다는 말이 아닌가!'

나중에 아인슈타인은 이 때의 생각을 자신의 생애에서 '가장 행복한 생각'이었다고 말했습니다. 아인슈타인은 가속 운동을 중력과 관련지어 풀어야겠다고 생각했습니다. 하지만 하루아침에 모든 것을 알아내지는 못했습니다. 이 때부터 오랫동안 아인슈타인은 끝없는 생각에 빠져 들었습니다.

우리가 지구 위에 서 있는 동안에는 언제나 지구의 중심에서 끌어당기는 중력을 느끼고 있습니다. 그러나 하늘 저 높은 곳, 지구나 다른 별의 중력이 작용하지 않는 데서는 중력을 느끼지 못합니다. 이것을 '무중력 상태'라고 합니다.

지붕 위에서 돌멩이를 떨어뜨리면 아래로 떨어지는 것을 볼 수 있습니다. 중력이 작용하고 있다고 느낍니다. 그러나 돌멩이와 내가 함께 떨어지고 있다면 돌멩이는 내 앞에 떠 있습니다.

무중력 상태에서는 어떤 힘이 작용하지 않는 한, 모든 물질은 정지해 있습니다. 텔레비전에서 우주인들이 하늘에 떠 있는 것을 본 적이 있지요? 그 곳에서 오줌을 누면 오줌이 허공에 그대로 떠 있습니다.

우리가 등속 운동을 하면 움직이고 있는지 정지해 있는지 알 수 없었던 것처럼, 만약 모든 물체가 똑같은 가속도로 떨어진다면 그 안에 있는 우리들은 세상이 정지해 있다고 생각하지 않을까요? 중력을 전혀 느끼지 못하는 무중력 상태에 있는 것처럼 말입니다.

이해를 돕기 위해 아인슈타인이 직접 설명한 승강기 문제를 예로 들어 보겠습니다.

이 세상에 있는 것보다 훨씬 높은 건물에 승강기가 설치되어 있습니다. 그런데 갑자기 승강기 줄이 끊어져 아래

로 떨어지고 있다고 생각해 봅시다. 승강기 창문은, 안에서는 바깥이 전혀 보이지 않지만 바깥에서는 안이 보이는 유리로 되어 있습니다. 마침 승강기 안에 있는 사람이 손수건과 시계를 떨어뜨렸습니다.

승강기 바깥에 어떤 관찰자가 있다면 그는 떨어지는 승강기를 어떻게 볼까요? 당연히 중력 가속도로 떨어지는 것을 볼 것입니다. 승강기와 사람, 손수건과 시계가 모두 똑같은 가속도로 떨어집니다.

승강기 안에 있는 사람은 어떨까요? 그는 자기가 떨어뜨린 손수건과 시계가 바로 자기 앞에 떠 있는 것을 볼 것입니다. 그는 전혀 중력을 느끼지 못합니다.

이번에는 바닥에 떨어진 승강기를 다시 위로 끌어올린다고 생각해 봅시다. 이 때 끌어올리는 속도는, 떨어질 때의 중력 가속도와 같습니다.

승강기 바깥에서 관찰하는 사람은 승강기가 떨어질 때와 같은 가속도로 올라가는 것을 봅니다. 승강기 안에서 손수건과 시계를 떨어뜨리면 그것들은 곧바로 승강기 바닥에 부딪칠 것입니다. 왜냐하면 승강기 바닥이 물체를 향해서 위로 올라가기 때문이지요.

그러면 승강기 안에 있는 사람은 무엇을 볼까요? 살짝 뛰어오르면 금방 도로 떨어져 바닥에 닿습니다. 손에서 놓은 손수건과 시계는 바닥으로 뚝 떨어집니다. 이것들이 떨어지는 가속도를 재어 보면 중력 가속도와 똑같습니다. 모든 상황이 지구 위에 있는 것과 같습니다!

승강기가 떨어지거나 올라갈 때 승강기 안에 있는 사람과 바깥에 있는 사람이 관찰하는 현상은 모두 진실입니다. 다시 말하면, 그것은 선택의 문제일 뿐이지 한쪽이 맞고 다른 한쪽이 틀린 게 아닙니다.

그렇다면 우리는 어떤 결론을 내릴 수 있을까요? 바로 중력과 가속 운동은 똑같다는 것입니다! 이것을 '등가 원리'라고 합니다.

가속 운동은 자신이 움직인다는 것을 느낄 수 있기 때문에 절대 운동이라고 생각했습니다. 그런데 가만히 따져 보니 가속 운동도 절대 운동이 아니었습니다. 내가 가속 운동을 하는 것인지 중력장의 영향 아래에 있는 것인지 알 수 없다면, 가속 운동도 상대적이라는 얘기니까요.

이 우주 어디에고 절대적인 운동은 없습니다. 이 얼마나 위대한 통찰입니까! 아인슈타인이 천재라는 것을 그 누구도 부정하지 못하는 까닭이 바로 여기에 있습니다. 아인슈타인 자신도 나중에 이런 말을 했습니다.

"내가 발견한 물리 법칙 가운데 일반 상대성 이론을 빼놓고 나머지는 내가 아니더라도 누군가 발견했을 것이다."

등속 운동이 아닌 가속 운동에서 상대성 이론을 다루는 것을 '일반 상대성 이론'이라고 합니다. 이제 우리는 가속 운동이 중력과 같다는 사실을 알았습니다. 그러나 그것은 아인슈타인의 직관에 의한 것이었습니다.

직관은 경험과 연구 결과를 바탕에 두고, 번뜩이는 영감에 의해 아주 새로운 사실을 추론하는 것입니다. 마치 물고기가 물 위로 솟구쳐 물 바깥의 새로운 세계를 보듯이, 단순히 연속적인 생각의 변화가 아니라 완전히 다른 생각으로 펄쩍 뛰는 도약입니다.

아인슈타인은 자신의 직관을 확신하고 이제 이것을 수학으로 풀어야겠다고 생각했습니다. 그러나 술술 답이 나오지 않았습니다. 오랫동안 고심했지만 수학은 더욱 복잡해지고 결과는 점점 미궁으로 빠져 들었습니다.

결국 그의 오랜 친구인 수학자 마르셀 그로스만에게 도움을 청했습니다. 그로스만은 수많은 수학 논문을 뒤지다가 40세에 결핵으로 죽은 독일의 유명한 수학자 리만을 발견했습니다. 리만은 그 때까지 수천 년 동안 기본 수학으로 배워 온 유클리드 기하학을 새롭게 바꾼 사람입니다.

유클리드 기하학은 평면 위에 놓인 삼각형, 사각형, 원과 같은 도형의 성질을 다루는 학문입니다.

리만이 생각한 것은, 평면이 아니면 그 위에 놓인 도형들은 어떻게 될까 하는 것이었습니다. 이를테면 면이 바다 표면처럼 울퉁불퉁 휘어져 있을 때도 유클리드 기하학이 성립할까 하는 것입니다.

바다 표면은 아주 복잡하게 구부러져 있지만, 모양을 잘 따져 보면 크게 두 가지 형태로 나누어 볼 수 있습니다. 하나는 공의 표면처럼 둥그렇고, 다른 하나는 말안장처럼 생긴 모양입니다. 이런 표면 위에 있는 도형의 성질을 다루는 수학을 '비유클리드 기하학'이라고 합니다.

그 때까지 리만의 기하학은 단지 수학적인 연구로만 남아 있었을 뿐, 물리학이나 다른 학문에 적용된 적이 없었습니다. 그것을 그로스만이 발견해 아인슈타인이 상대성 이론에 적용하도록 했던 것입니다.

앞서 얘기한 승강기로 잠깐 돌아가겠습니다. 빠른 가속

도로 올라가는 승강기 창문에 조그만 구멍이 뚫려 있다고 합시다. 그 구멍으로 한 줄기 빛이 수평으로 들어옵니다. 그러면 그 빛은 창문에 난 구멍과 정확히 마주보는 반대편 벽에 닿을까요?

먼저 바깥에서는 어떻게 보이는지 알아봅시다. 빛은 수평으로 움직여 반대편 벽으로 날아갑니다. 그러나 그 사이 승강기는 위로 올라가고 있기 때문에, 빛이 도달한 지점은 들어올 때와 정확히 마주보는 지점이 아니라 그것보다 조금 아래에 닿을 것입니다. 그것은 마치 승강기 안에서 빛이 휘어지는 것처럼 보입니다.

그러면 승강기 안에 있는 사람은 어떻게 볼까요? 승강기 안은 모든 상황이 중력장에 있는 것과 똑같습니다. 그래서 그 사람은 빛은 질량이 없어 중력장의 영향을 받지 않기 때문에 들어오는 구멍과 정확히 마주보는 반대편 지점에 닿을 것이라고 생각합니다.

우리는 앞에서도 말했지만 승강기 바깥에서 본 거나 안에서 본 것은 모두 똑같은 현상을 다르게 볼 뿐이라고 했습니다. 그러나 이 경우에는 어느 한 쪽이 분명히 틀립니다. 누가 잘못 본 것일까요? 승강기 안에서 본 사람에게 문제가 있습니다.

아인슈타인은 1905년에 이미 질량과 에너지는 같다고 말했습니다. 빛은 에너지를 가지고 있습니다. 그렇다면 빛도 질량이 있다고 보아야만 합니다. 질량을 가진 모든 물질은 중력장의 영향을 받으므로, 빛도 역시 중력장의 영향을 받을 수밖에 없습니다. 승강기 안에 들어온 빛은 중력장의 영향을 받아 휘어집니다. 이 때 휘어지는 정도는 정확히 바깥에서 관찰한 것과 똑같습니다.

이제 우리는 빠르게 움직이는 가속 운동에서, 또는 중력장 안에서 빛이 휘어진다는 것을 알았습니다. 도대체 빛은 왜 휘어지는 것일까요? 중력의 본질은 무엇일까요? 뉴턴은 중력 현상을 밝히기는 했지만, 왜 중력이 생기는지는 알지 못했습니다.

아인슈타인은 리만의 비유클리드 기하학을 이용해 뉴턴이 풀지 못한 중력의 원인을 밝혔습니다(그림 5).

평면에서 사는 인간이 있다고 상상해 봅시다. 그는 종이처럼 가로, 세로만 있는 2차원(종이 두께가 없다고 가정하자) 그림자 인간입니다. 2차원 인간 가운데 뛰어난 수학자가 있었습니다. 그는 선을 그어 붙여서 여러 가지 크기의

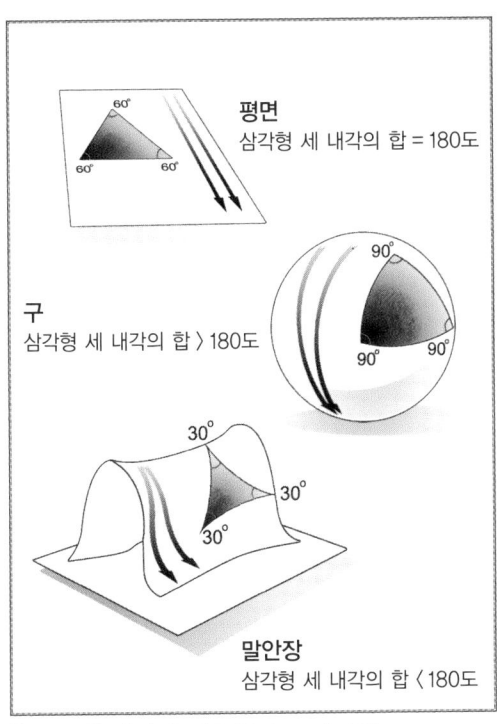

【그림 5】 리만의 비유클리드 기하학

삼각형을 만들었습니다. 그리고 그 삼각형의 세 내각의 크기를 합해 보았더니 삼각형의 크기와 관계없이 항상 180도가 나왔습니다. 그래서 그는 삼각형의 세 내각의 합은 언제나 180도라고 생각했습니다.

그는 또한 두 개의 직선을 평행하게 그어 보았습니다. 아무리 먼 거리를 가도 두 직선은 만나지 않고 일정한 거리에 있었습니다. 그래서 그는 평행한 두 직선은 결코 만나지 않는다고 결론을 지었습니다. 그의 연구 결과를 배운 후손들은 평면 나라의 특성을 알게 되었고 그것이 진리라고 믿었습니다.

어느 날 3차원에 사는 어떤 인간이 평면 나라의 그림자 인간을 지구처럼 큰 구(공) 위에 옮겨 놓았습니다. 구의 표면은 휘어 있는 2차원 평면입니다. 처음에 그림자 인간은 조그만 삼각형과 평행한 두 직선을 그어 보니, 평면에서와 똑같은 결과가 나왔기 때문에 그 곳이 자신이 전에 살던 평면 나라라고 생각했습니다.

그런데 그 곳이 자신이 살던 곳보다 엄청나게 크다는 것을 안 그림자 인간은, 이번에는 삼각형을 아주 크게 그려 보았습니다. 그랬더니 삼각형의 세 내각의 합이 180도보다 더 컸습니다. 게다가 평행한 두 직선을 계속 그어 갔더니 나중에는 두 직선이 만나 버렸습니다.

지구본에 삼각형을 그리거나 평행선을 그어 보면 이 사실을 금방 알 수 있습니다. 북극에서 적도를 향해 삼각형을 그려서 각을 재어 보면 180도보다 훨씬 커집니다. 그리고 평행한 두 직선이 얼마 못 가 만나는 것도 확인할 수 있습니다.

그러나 그림자 인간은 3차원이란 세계를 결코 알 수 없기 때문에 왜 그런 일이 벌어지는지 이해할 수 없었습니다. 오랜 세월이 흘러 영원히 풀지 못할 것 같던 그 문제를 한 똑똑한 그림자 인간이 밝혔습니다.

그는 비록 3차원의 세계를 볼 수는 없지만 삼각형의 세

내각의 합이 180도가 넘거나 직선이 구부러지는 것은 공간이 둥그렇게 휘어져 있기 때문이라는 사실을 알아낸 것입니다.

이것은 3차원 인간에게도 똑같이 적용됩니다. 우리가 살고 있는 세계는 3차원 공간과 1차원 시간으로 이루어져 있는 4차원 세계입니다. 우리는 4차원 세계를 결코 눈으로 볼 수 없습니다. 단지 한 차원 낮은 3차원 세계를 볼 뿐입니다. 마치 2차원 그림자 인간이 3차원 구의 표면에서 영원히 2차원만 보듯이 말입니다.

그림자 인간이 삼각형 내각의 합이 다르고 직선이 구부러진 것을 보고 자신이 살고 있는 세계가 휘어져 있다는 것을 알았듯이, 우리 4차원 인간도 시간과 공간이 휘어져 있다는 것을 발견했습니다.

빛은 공간의 두 지점을 이동할 때 가장 짧은 거리를 움직입니다. 두 지점 사이에 가장 짧은 거리는 직선입니다. 그런데 앞에서 말했듯이 중력장 안에서 빛은 휘어진다고 했습니다. 휘어지면 당연히 더 먼 거리를 움직이게 됩니다. 언뜻 이것은 모순처럼 들립니다.

이것을 이해하는 유일한 방법은 공간 자체가 휘어져 있

다는 것입니다. 빛은 휘어진 공간의 표면을 따라 가장 짧은 거리를 움직인 것입니다!

4차원 세계에서 이것을 명확하게 설명할 수는 없습니다. 우리는 결코 4차원 세계를 볼 수 없기 때문입니다. 다만 3차원이면서 2차원 평면으로 된 구의 표면을 보고 상상할 수 있을 뿐입니다. 구의 표면에서 아무리 직선을 그리려 해도 그것은 휘어지게 됩니다. 공간 자체가 휘어져 있기 때문이죠.

이것이 일반 상대성 이론의 마지막 백미입니다. 질량이 큰 물체는 강력한 중력장을 형성합니다. 그런 중력장 안에서는 빛도 휩니다. 빛이 휜다는 것은 공간이 휘어져 있다는 것입니다. 그러므로 중력이란, 공간이 휘어져 있다는 말과 같습니다!

뉴턴 이래 3백 년 동안 아무도 이해하지 못한 중력의 본성이 마침내 한 뛰어난 과학자에 의해 밝혀진 것입니다. 중력이란 공간의 휨이었습니다!

물론 공간만 휘는 것이 아니라 시간도 휩니다. 시간이 휜다는 것은 무슨 뜻일까요? 기다란 철사도 아닌 시간이 휘다니? 특수 상대성 이론에서처럼 시간이 변한다는 말입니다. 그러니까 중력이 강한 곳에 있는 시계는 느려집니다!

태양 위에 사람이 살 수만 있다면, 지구 위에 사는 사람보다 더 오래 삽니다. 태양이 지구보다 훨씬 중력이 강하므로 그 곳의 시간은 지구보다 천천히 흐를 것입니다. 그에 따라 사람의 수명도 길어질 테지요.

공간이 휘어진 모습은 결코 볼 수 없지만, 과학자들이 흔히 드는 예로써 상상해 볼 수는 있습니다. 질긴 고무줄로 엮어 짠 사각형의 판이 있습니다. 이것의 네 귀퉁이를 팽팽하게 잡아당기고 있는 상태에서 볼링공과 같은 무거운 물체를 판의 가운데에 놓습니다(그림 6). 그러면 어떻게 될까요?

공의 무게 때문에 가운데가 푹 꺼지겠죠? 질량이 큰 물체의 둘레에 생기는 중력은, 바로 공의 무게에 눌려 움푹 팬 고무판의 모양과 비슷합니다. 볼링공을 향해 작은 구슬을 굴렸다면 어떻게 될까요?

만약 고무판의 마찰이 없다면 구슬은 움푹 팬 곳으로 빠지면서 볼링공 둘레를 뱅글뱅글 돌게 됩니다. 이것이 태양 둘레를 도는 지구의 모습입니다. 중력이라는 이해할 수

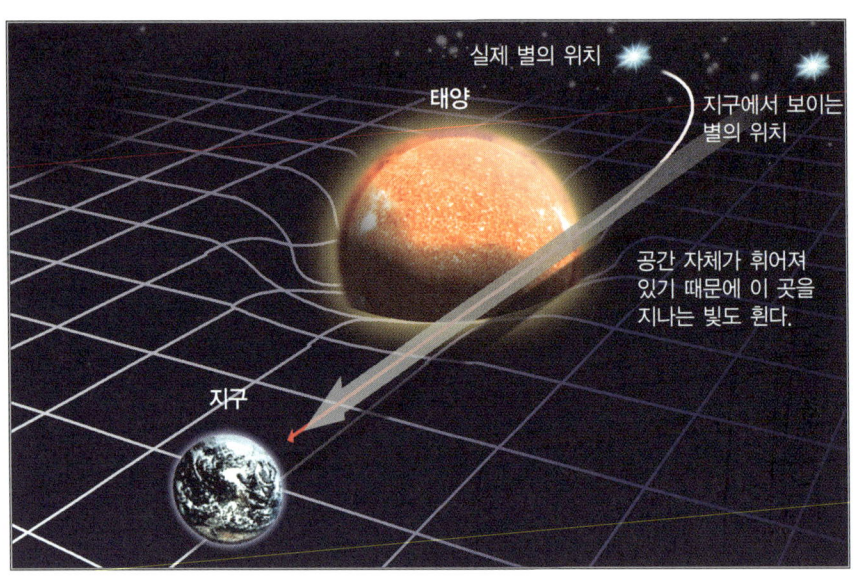

【그림 6】 상대성 이론이 밝힌 '중력'은, '공간의 휨'

없는 어떤 현상 때문에 지구가 태양 둘레를 도는 것이 아니라, 태양 둘레가 휘어져 있기 때문에 그 휘어진 정도(곡률)만큼 지구가 돌고 있는 것입니다.

아인슈타인은 3백 년 동안 천문학과 물리학에서 성서처럼 받들고 있던 뉴턴의 중력 이론을 완전히 폐기시켜 버렸습니다. 모든 운동은 상대적이기 때문에 그 운동에 따른 상호 작용은 일반 상대성 이론으로 모두 풀 수 있습니다. 다만 아주 느린 속도에서는 뉴턴의 중력 이론으로도 매우 정확한 값을 얻을 수 있기 때문에 여전히 많은 사람들이 쓰고 있기는 합니다.

아인슈타인이 리만의 비유클리드 기하학을 도입하여 일반 상대성 이론을 수학적으로 완벽하게 풀어내기까지는 십여 년의 시간이 걸렸습니다. 아인슈타인은 일반 상대성 이론에 비하면 특수 상대성 이론은 어린아이의 장난에 불과했다고 말했습니다. 그만큼 어렵고 힘든 과정이었다는 얘깁니다.

한때 플랑크는, 아인슈타인이 일반 상대성 이론에 대해 고민하고 있다고 말하자 포기하라고 충고했습니다. 그리고 다음과 같은 말을 덧붙였습니다.

"설사 자네가 그것을 성공한다 하더라도 나는 믿지 않을 거네. 왜냐하면 그것은 불가능한 일이기 때문이지."

1911년에 중력은 가속도와 같다는 등가 원리가 발표되었고, 1916년에 중력은 공간의 휨이라는 논문이 발표되면서 아인슈타인의 일반 상대성 이론은 완성되었습니다.

쌍둥이 역설

상대성 이론에 대한 유명한 예로 쌍둥이 역설이 있다. 선돌이와 후돌이라는 쌍둥이가 있었다. 어느 날 선돌이가 우주선을 타고 먼 우주로 여행을 떠났다. 선돌이의 우주선은 광속(빛의 속도)의 99.5%인 초속 29만 9천 킬로미터의 속도로 우주 정거장에 서 있는 후돌이를 스치고 지나갔다.

선돌이가 6년 동안 우주 여행을 하고 돌아와 보니, 자신의 동생인 후돌이가 60살이 되어 있었다. 선돌이는 깜짝 놀랐다. 자신은 겨우 6살을 더 먹었을 뿐인데 동생은 이미 백발의 할아버지가 되어 있었던 것이다.

특수 상대성 이론에 따르면 이것은 뭔가 문제가 있다. 등속 운동에서는 누가 정지하고 누가 움직이고 있는지 알 수 없다.

우주 정거장에 서 있는 후돌이가 보기에, 빠르게 움직이는 선돌이의 시계가 느려진다는 것을 안다. 그래서 자신보다 훨씬 젊어진 형을 본 것이다. 그런데 선돌이의 입장에서는 자신이 정지해 있고 후돌이가 서 있는 우주 정거장이 빠르게 멀어지므로, 후돌이의 시계가 느려지는 것을 본다. 그러므로 선돌이가 보았을 때 동생이 훨씬 젊어 있어야 하는 것이다.

도대체 누가 젊어졌는가? 관찰자가 보기에 상대방의 시계가 느려졌을 뿐, 실제로는 둘 다 느려졌거나 빨라진 것이 아닌가? 이것이 '쌍둥이 역설'이다. 특수 상대성 이론으로 따지면 이런 결과밖에 나오지 않는다. 그러나 여기에는 커다란 모순이 있다.

등속 운동은 한 번 스치고 지나가면 영원히 다시 만날 수 없다. 물론 우주가 둥글다면 언젠가 다시 만날 수는 있을 것이다. 지구를 한 바퀴 돌면 다시 제자리로 오듯이 말이다. 그러나 오늘날 과학은 우주가 둥근지(닫혀 있다고 말한다) 무한히 뻗어 있는지(열려 있다고 말한다) 아직 모른다. 그러므로 한 번 스치고 지나간 형제는, 서로 상대방이 더 젊어졌다고 말할 수는 있지만 확인할 수는 없다.

그런데 쌍둥이 역설에서는 형이 돌아와 동생을 보았다고 했다. 여기에 쌍둥이 역설의 비밀이 있다. 적어도 형이 6년 만에 돌아오기 위해서는, 우주 어디에선가 우주선은 멈추어야 한다. 멈추기 위해서는 속도를 줄여야 하고 방향을 바꾸어 다시 광속의 99.5%까지 속도를 높여야 한다. 그렇게 해서 6년 만에 돌아온 것이다.

속도를 줄이고 다시 높이는 것은, 등속 운동이 아니라 가속 운동이다. 이것은 특수 상대성 이론이 아니라 일반 상대성 이론으로 따져

야 할 문제다. 다시 말하면 누가 멈추어 있고 누가 움직였는지 명백히 알 수 있다는 것이다. 그러므로 형은 틀림없이 광속에 가까운 빠른 운동을 했기 때문에 동생보다 젊어져야 맞다.

만약 먼 훗날 광속에 가까운 속도를 내는 우주선이 만들어진다면 사람들은 젊어지기 위해 너도나도 우주선을 타려 할지도 모르겠다.

5
세계적으로 유명한 과학자가 되다

아인슈타인은 1916년에 일반 상대성 이론에 대한 논문을 발표하면서 자신의 이론을 증명할 수 있는 방법을 제안했습니다. 태양 가까이를 지나는 별빛은 태양의 중력 때문에 휠 것이므로 이것을 측정하면 된다는 것이었습니다.

영국의 천문학자인 아서 에딩턴은 아인슈타인의 논문을 읽고 큰 충격에 빠졌습니다. 만약 아인슈타인의 이론이 증명된다면, 인류의 오랜 과학적 업적이 뿌리째 뽑혀 완전히 새롭게 씌어질 것이기 때문입니다. 에딩턴은 자신이 그 사건의 현장에 서고 싶었습니다.

1919년 에딩턴은 제1차 세계 대전이 벌어지고 있는 가운데 영국 정부로부터 별빛을 관측할 자금을 지원 받았습니다. 그 해 5월 29일에 남반구에서 일어날 예정인 개기 일식(해가 달에 가려져 보이지 않는 것) 때 별빛을 관측하기 위해서였습니다.

태양 가까이를 지나는 별빛은, 태양의 밝기 때문에 보통 때는 잘 볼 수 없습니다. 개기 일식이 일어나면 태양빛이 가려지므로 별빛을 선명하게 볼 수 있습니다. 이 때 별빛의 위치를 관측하고 6개월 뒤에 같은 별을 다시 관측해서, 둘 사이의 위치를 비교해 보면 별빛이 휘었는지 알 수 있습니다.

6개월 뒤에는 지구의 공전 위치가 태양의 반대편에 있기 때문에 태양의 중력에서 벗어난 별빛을 보게 됩니다. 만약 태양 중력의 영향이 없다면 관측된 별의 위치는 똑같을 것입니다. 그러나 태양 중력 때문에 별빛이 휜다면 관측된 위치는 똑바로 날아온 별빛보다 조금 옆에 있는 것처럼 보일 것입니다(그림 7).

에딩턴은 관측팀을 둘로 나누어, 한 팀은 브라질의 소브랄로 보내고 자신이 포함된 다른 한 팀은 서아프리카 해안의 프린시페 섬으로 갔습니다. 그들이 찍은 사진들은 5

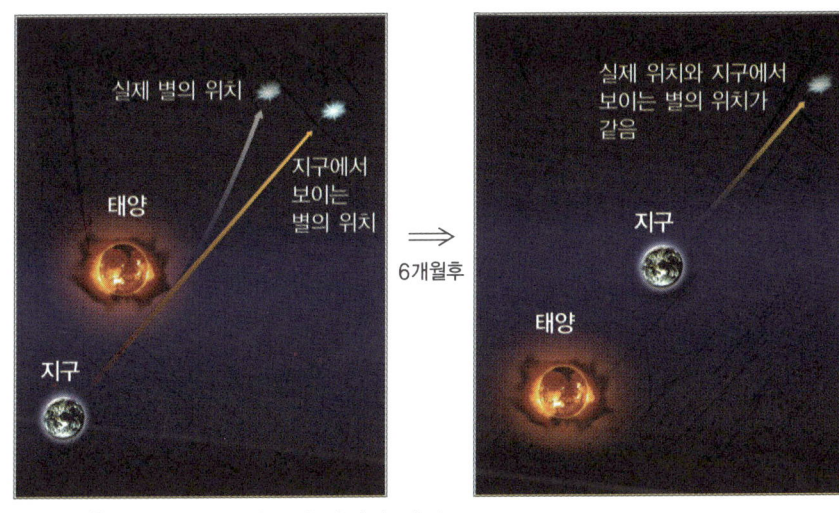

【그림 7】 태양의 중력 때문에 휘어진 별빛

개월에 걸친 분석 끝에 마침내 1919년 11월 6일 영국 왕립 학술 회의에 발표되었습니다. 미세하기는 하지만 틀림없이 별의 위치는 달랐습니다. 아인슈타인의 이론이 사실로 증명된 것이지요.

다음날인 1919년 11월 7일에 런던 타임스에는 '과학의 혁명, 새로운 우주론이 뉴턴의 물리학을 뒤집다'라는 제목의 기사가 크게 실렸습니다. 이것은 실로 역사적인 사건이었습니다. 시공간에 대한 이전의 과학적, 철학적 개념에 완전한 종지부를 찍고 새로운 가치관을 여는 엄청난 사건이었습니다.

그 때부터 상대성 이론은 과학자뿐만 아니라 철학자, 예술가 등 자연과 우주에 대해 관심을 가진 모든 사람들의 정신에 커다란 영향을 미쳤습니다.

사람들은 한결같이 한 개인이 이토록 위대한 일을 해낸 것을 믿지 않았습니다. 그들은 신만이 그것을 할 수 있다고 생각했습니다. 아마 그럴지도 모릅니다. 아인슈타인은 그 누구보다도 신의 영역에 가까이 다가간 사람이었습니다.

며칠 뒤에 영국 왕립 협회는 베를린에 있는 아인슈타인에게 상대성 이론에 대한 실험 결과를 전보로 알렸습니다. 전쟁으로 어수선한 그 무렵, 영국과 독일은 서로 적대국이었기 때문에 전보는 곧바로 아인슈타인에게 가지 못했습니다. 다른 나라를 거쳐 겨우 전달될 수 있었습니다.

마침 아인슈타인은 자신의 사무실에서 한 학생과 토론을 하다가 그 전보를 받았습니다. 전보 앞면에는 다음과 같은 글이 씌어 있었습니다.

'이것이 당신에게 흥미로울지도 모르겠습니다.'

학생이 전보의 내용을 읽고는 매우 중요한 소식이라고 소리쳤습니다. 그러나 아인슈타인은 침착하게 말했습니다.

"나는 그 이론이 옳다는 것을 알고 있었어. 자네는 의심했나?"

그러자 학생이 만약 이론이 틀린 것으로 밝혀졌다면 어떻게 하겠느냐고 되물었습니다. 아인슈타인은 여전히 별 동요 없이 대답했습니다.

"그렇다면 신에게 섭섭했을 거야. 왜냐하면 그 이론은 옳기 때문이지."

아인슈타인은 자신의 이론에 대한 확고한 믿음이 있었습니다. 우주는 아무렇게 만들어진 것이 아니라 아름다운 질서에 따라 조화롭게 이루어져 있다고 생각했습니다. 신이 있다면 조화로운 질서, 그 자체였습니다. 그래서 아인슈타인은 때때로 자신이 생각한 신을 '큰 어른(the old One)'이라고 부르곤 했습니다.

아인슈타인은 정말 고집이 센 사람이었습니다. 한 번 옳다고 믿으면 절대로 꺾인 적이 없었습니다. 스스로도 만약 그런 고집이 없었다면 결코 상대성 이론을 만들지 못했을 거라고 말했습니다.

신에게 가장 가까이 다가간 사람, 늘 자신이 믿었던 신과 대화를 하고 있다고 확신했던 아인슈타인은 이런 말도 했습니다.

"신은 우주를 지금과 다르게 만들 수 없었을까? 다른 선택의 여지는 없었던 것일까? 만약 내게 그런 기회가 주어졌다면 나는 어떤 우주를 만들었을까?"

아인슈타인은 하루아침에 세계적으로 유명한 과학자가

되었습니다. 수많은 기자들이 몰려와 인터뷰를 했고, 신문과 잡지들은 앞 다투어 상대성 이론을 기사로 실었습니다.

모든 서점에는 상대성 이론에 대한 잡지와 책이 가득했습니다. 상업적으로 발 빠른 한 사업가는 아인슈타인 담배를 만들었고, 미국의 한 잡지사는 상대성 이론을 가장 잘 설명한 글에 대해 5천 달러의 상금을 걸기도 했습니다. 사람들은 아인슈타인을 보거나 그의 강의를 듣기 위해 길게 줄을 서서 몇 시간을 기다리는 것도 마다하지 않았습니다.

단순하고 명쾌하게 말하고 유머를 잘 했던 아인슈타인은, 자신을 찾아오는 사람들을 무시하거나 불친절하게 대한 적이 없었습니다. 그러나 자신이 유명 인사가 된 것은 별로 좋아하지 않았습니다. 마치 자신을 동물원에 새로 들어온 동물처럼 여기고 뭔가 해 보이기를 원하는 것 같아 아주 불쾌했던 것입니다.

1919년에 아인슈타인은 오랫동안 떨어져 지내던 밀레바와 결국 이혼했습니다. 그리고 베를린에 있는 내내 여러 가지로 자신을 돌봐 준 사촌 엘자와 결혼했습니다.

엘자는 헌신적으로 아인슈타인을 뒷바라지했지만 유명해진 그와 함께 화려한 옷을 입고 외출하는 것도 아주 즐겼습니다. 아인슈타인은 그것을 싫어했지만 어쩔 수 없이 끌려 나가곤 했습니다.
　아인슈타인은 오직 연구만 하기를 원했습니다. 그러나 세상이 그를 내버려두지 않았습니다. 그의 행동과 말 한 마디가 전세계에 곧바로 알려졌습니다. 1919년부터 그가 사망한 1955년까지 '뉴욕 타임스'라는 세계적으로 유명한

신문에, 단 한 해라도 이름이 실리지 않은 해가 없었습니다.

물론 모두가 아인슈타인을 좋아했던 것은 아닙니다. 상대성 이론을 일상 생활에서는 잘 느낄 수 없기 때문에, 사람들은 그 내용을 정확하게 이해할 수 없었습니다. 그래서 아인슈타인을 쓸모없는 이상한 이론을 만들어 낸 사람으로

여기기도 했습니다.

실험 근거를 과학의 기본으로 삼는 실험 물리학자들은, 상대성 이론은 검증할 수 없는 이론이라고 주장하며 에딩턴의 관측을 인정하지 않았습니다. 그래서 에딩턴의 관측은 오랫동안 의심을 받았습니다. 왜냐하면 당시의 기술로는 너무나 세밀하고 예민한 관측이어서, 두 번 다시 같은 결과를 얻을 수 없었기 때문입니다.

그러나 새로운 관측 장비가 등장해서 정밀한 실험이 이루어지자 일반 상대성 이론을 뒷받침하는 결과들이 계속 쏟아져 나왔습니다. 그제야 반대하던 과학자들도 서서히 의심의 눈초리를 거두기 시작했습니다.

하지만 이런 비난은 별것 아닐 수도 있습니다. 정말 놀랍고 두려운 반대는 다른 곳에서 있었습니다. 그들은 유럽 대륙에 널리 퍼져 있고, 특히 독일에서 가장 심했던 반유대주의자들이었습니다.

1920년대부터 인종 차별과 극단적인 이기주의에 사로잡힌 독일 사람들은 노골적으로 아인슈타인을 비난하기 시작했습니다. 독일 사람들은 전쟁에 져서 불안해진 심리를 인종주의(자기네 인종이 가장 우수하다고 생각하여 다른 인종을

차별하고 멸시하는 태도)와 국수주의(자기 민족만이 최고라고 여기는 국가 이기주의)로 벗어나려 했습니다.

그들이 보기에 상대성 이론이 유대인인 아인슈타인으로부터 나온 것은, 참을 수 없는 치욕이었습니다. 그래서 상대성 이론은 사람의 마음을 흐리게 하는 사악한 이론이라는 말도 안 되는 주장을 했습니다. 노벨상까지 받은 필립 레나르트라는 과학자는, 아인슈타인 이전에 이미 아리안족(독일 민족)이 상대성 이론을 만들었다며 아인슈타인을 사기꾼으로 몰아세웠습니다.

이것은 시작에 불과했습니다. 독일은 점점 비정상적인 인종주의와 국수주의로 치달았고, 급기야 히틀러란 인물이 정치에 등장했습니다. 이제는 아인슈타인뿐만 아니라 유대인 전체가 한치 앞을 내다볼 수 없는 위험한 상황으로 내몰리기 시작했습니다.

 **일반 상대성 이론에 대한 증거들**
〈수성 궤도의 변화〉
1859년 프랑스의 천문학자 르 베리에가 수성의 근일점이 조금씩 이동한다는 것을 발견했다. '근일점'이란 행성의 타원 궤도에서 태양

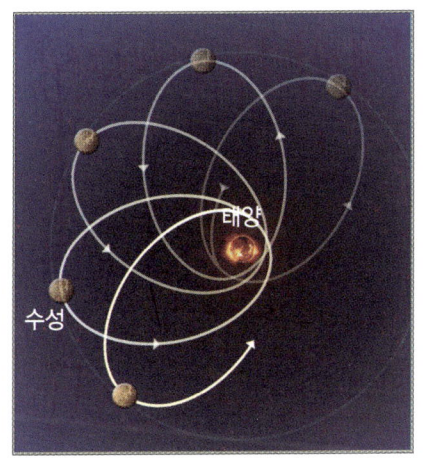
【그림 8】 조금씩 이동하는 수성의 근일점

에 가장 가까운 지점을 말한다. 근일점이 이동한다는 것은 행성들의 궤도가 고정되어 있는 것이 아니라 변화한다는 것이다(그림 8).

르 베리에는 뉴턴의 중력 법칙을 이용하여 수성의 근일점 이동에 대한 다른 행성들의 영향을 모두 계산했더니 실제 관측 값과 약 1퍼센트의 차이가 났다. 당시 과학자들은 왜 이런 차이가 생기는지 알지 못했다.

아인슈타인의 상대성 이론은, 뉴턴의 중력 법칙으로 계산한 값이 100년마다 약 43초(1도는 60분, 1분은 60초)의 각도로 차이가 남을 예측했다. 이것은 르 베리에가 계산한 값과 정확하게 일치했다.

〈중력 렌즈 현상〉

돋보기로 햇빛을 모으는 원리는, 빛이 가운데가 볼록한 유리를 통과할 때 휘어져서 한 점으로 모이기 때문이다.

은하와 같이 거대한 질량을 가진 물체 주변을 지나는 빛은, 강력한 중력장에 의해 마치 돋보기에서 빛이 모아지는 것처럼 휘어진다. 이것을 '중력 렌즈'라고 한다.

아인슈타인은 중력 렌즈 효과를 예언했다. 그는 만일 렌즈와 같은 작용을 하는 거대한 질량이 우리와 더 먼 곳에서 오는 빛의 가운데에 놓여 있다면, 우리는 먼 곳에서 오는 빛을 여러 개의 상으로 보게 된다는 거였다.

1979년에 과학자들은 지구에서 가장 먼 곳에 있는 퀘이사에서 오는 빛이, 망원경으로 볼 때 두 개로 보인다는 것을 발견했다(그림 9). 지구와 퀘이사 사이에 커다란 은하가 있어 퀘이사의 빛이 이 은하의 강력한 중력 때문에 휘어진 것이었다. 이렇게 해서 아인슈타인이 예언한 중력 렌즈 현상은 증명되었다.

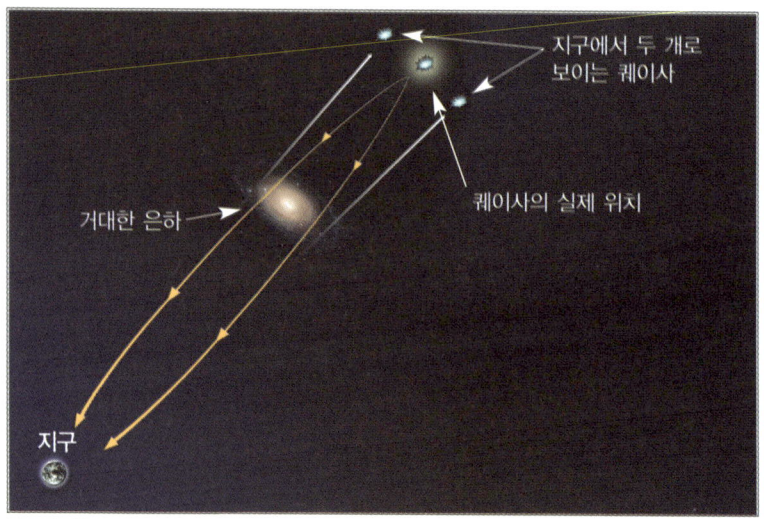

【그림 9】 중력 렌즈 효과

6
독일을 떠나다

아인슈타인은 유대인 집안에서 태어났음에도 종교적으로 자유롭게 자랐습니다. 하지만 유대인이라는 굴레를 벗어날 수는 없었습니다. 유대인이 도대체 어떤 민족이기에 계속 얘기되는 걸까요?

기원전 1000년 무렵, 다윗은 지금 팔레스타인 지방인 예루살렘 근처의 한 언덕에 유대인 나라를 세웠습니다. 그 언덕의 이름은 '시온'이었습니다. 다윗은 '다윗과 골리앗'이라는 얘기에 나오는 유명한 유대인의 임금입니다.

그 뒤 다윗의 아들인 솔로몬이 시온에 큰 궁전을 짓고 오랫동안 나라를 유지했으나 기원전 586년에 바빌로니아의 침입으로 망합니다. 바빌로니아가 멸망하고 나서 다시 나라를 세웠지만 나중에 로마가 쳐들어와서 결국 왕국은 영원히 사라지고 맙니다.

　이후 수천 년 동안 유대인들은 유럽과 전세계에 뿔뿔이 흩어져서, 돈 하면 유대인이 생각날 정도로 금융과 상업으로 부를 축적합니다. 아마도 나라 잃은 민족이 살아남기 위해서는 악착같이 돈 버는 길밖에 없었는지도 모릅니다. 유대인들은 기원전 400년 무렵에 모세가 하느님으로부터 받은 율법을 종교의 바탕으로 삼고, 모든 생활 방식을 그것에 맞추어 살았습니다. 그들은 여호와 하느님만이 유일한 신이며, 자신들은 하느님으로부터 선택받은 백성이라고 믿었습니다.

　유럽 대륙에서 오랫동안 핍박을 받고 살아 온 유대인들은, 1897년 스위스에서 모임을 갖고 조상들의 땅인 팔레스타인에 나라를 세우자는 운동을 벌입니다. 이것을 시오니즘(시온주의) 운동이라고 합니다. 1948년에 마침내 유대인들은 예루살렘에 그들의 나라인 이스라엘을 세웁니다.

　그러나 여기에는 전쟁을 피할 수 없는, 민족과 종교 사이의 커다란 갈등이 숨겨져 있었습니다. 유대인들이 멸망하고 수천 년 동안 아랍인(아랍어를 사용하고 대부분 이슬람 종교를 믿는 중동아시아에 사는 사람)들이 팔레스타인에 살고 있었습니다. 그런데 제2차 세계 대전이 끝날 무렵, 이곳을 지키고 있던 영국이 유대인과 아랍인 모두에게 각자의 나라를 세워도 좋다는 잘못된 약속을 하고 말았습니다. 아랍인들은 자신들이 살던 땅을 빼앗겼으니 가만히 있을 리가 없겠지요. 이스라엘이 건국된 그 해부터 오늘날까지 유대인과 아랍인 사이에는 전쟁이 끊이질 않고 있습니다.

1920년대에는 유럽 전역에 시온주의가 꽤 넓게 퍼져 가고 있었습니다. 젊은 시절 아인슈타인은 자신이 유대인이라는 사실에 관심이 없었습니다. 그러나 아인슈타인이 아무리 부정한다 해도 유대인이라는 사실 자체를 지울 수는 없었습니다. 민족을 위해서 뭔가를 해야 한다는 책임감이 그를 끊임없이 괴롭혔습니다. 더구나 아인슈타인은 이제 이름없는 평범한 과학자가 아니었습니다. 아인슈타인은 시온주의 운동에 참여하기로 결심했습니다.

1921년 초 아인슈타인은 시온주의 운동의 지도자인 바이츠만의 초청을 받아들여, 미국과 영국에서 유대인 대학 건립을 위한 모금 운동에 참여했습니다. 독일인들은 아인슈타인이 전쟁의 적국인 영국과 미국에 가는 것을 반대했습니다. 그러나 아인슈타인은 미국에서 여러 대학을 다니며 강연을 했습니다. 그 때문에 독일인들은 아인슈타인을 더욱 미워했습니다. 나중에 프랑스에서도 강연을 했는데, 이 때도 독일에서 비난이 쏟아졌습니다. 아인슈타인은 점점 궁지에 몰렸습니다.

1921년, 독일 노동당에서 목소리를 높이던 히틀러가 당의 우두머리가 되면서 독일은 더욱 국수주의로 변해 갔습니다. 히틀러는 독일 민족이 세계 최고이며, 유대인을 모조리 제거하고 아리안 족이 세계를 지배해야 한다고 주장했습니다.

수상이 된 히틀러는 1차 대전의 패배를 설욕하고 새로운 독일을 건설하기 위해서는 또다시 전쟁을 치를 수밖에 없다고 생각했습니다. 조금이라도 히틀러에게 반대하는 사람들은 쥐도 새도 모르게 잡혀 가 죽임을 당했습니다.

어린 시절부터 권위적이고 군사적인 생각을 지독히 싫어했던 아인슈타인은, 세계가 폭력과 전쟁 없이 평화롭기를 바랐으며 인류가 형제처럼 서로 사랑해야 한다고 주장했습니다. 그는 나라와 나라 사이의 국제적인 협력이 어느 한 나라에 대한 충성보다 훨씬 중요하다고 믿었기 때문에, 민족이나 민족주의를 받아들이지 않았습니다.

그래서 아인슈타인은 하나의 세계 정부를 제창했습니다. 그것이 나라와 나라 사이의 분쟁을 없애는 데 크게 기여할 것이며, 전쟁이 없으면 군대를 유지하는 데 필요한 비용을 복지에 쓸 수 있으리라 믿었습니다.

하지만 독일이 점점 국민을 집단화하고, 군사력을 키우며 폭력적인 나라로 변해 가는 것을 보면서, 아인슈타인은 자신의 생각이 실현될 수 없다는 무력감에 빠졌습니다. 아인슈타인은 독일의 위협을 극복하기 위해서는, 평화를 외치는 것만으로는 부족하다고 생각했습니다. 그들과 대등한 힘을 가져야만 그들의 폭력을 잠재울 수 있다는 생각이 서서히 자리잡기 시작했습니다.

1920년대 후반까지만 해도 비록 아인슈타인을 싫어하는 세력이 있기는 했지만, 베를린에서 그런 대로 지낼 만했습니다.

1930년 가을에 아인슈타인은 두 번째로 미국을 방문했습니다. 아인슈타인은 윌슨 산 천문대에서 우주가 팽창한다는 것을 밝힌 위대한 천문학자 에드윈 허블을 만났습니

다.

1933년에 히틀러는 총통이 되어 독일을 완전히 장악했습니다. 더욱 강력하게 군사력을 키워 갔고, 공공연히 유대인을 탄압하기 시작했습니다. 그나마 아인슈타인을 호의적으로 대하던 사람들도 자신의 안전을 위해 고개를 돌릴 수밖에 없었습니다. 1933년 봄, 흥분한 군중들이 아인슈타인 집을 습격하는 사건이 있었습니다. 다행스럽게도 그때 아인슈타인은 벨기에에 있었습니다.

아인슈타인은 더 이상 독일에 남아 있을 이유가 없다고 생각했습니다. 독일을 떠날 것을 결심한 아인슈타인은 벨기에에서 곧바로 미국으로 갔습니다. 미국 프린스턴 대학교의 고등 과학 연구소가 아인슈타인을 기다리고 있었습니다. 그 뒤 아인슈타인은 다시는 독일로 돌아가지 않고, 그곳에서 삶을 마감했습니다.

상대성 이론이 밝힌 우주

〈팽창하는 우주〉

1922년 러시아의 기상학자였던 알렉산더 프리드만은 아인슈타인의 상대성 이론을 연구하다가 우주가 움직이고 있다는 놀라운 사실을

발견했다.

이것은 우주를 이해하는 데 엄청난 변화를 가져왔다. 그 때까지 모든 천문학자들은 우주가 무한하고 영원히 변하지 않는, 절대적인 존재라고 생각했다. 아인슈타인도 이런 생각에서 한 발자국도 벗어나지 못했다.

프리드만은 우주가 팽창할 수도, 수축할 수도 있다고 생각했다. 마치 고무 풍선처럼 커졌다 작아졌다 한다는 것이다. 물질들 사이의 중력이 팽창하는 힘보다 크면 우주는 수축할 것이고, 그 반대는 팽창할 것이다. 만약 두 힘이 같다면 우주는 팽창하다가 멈출 것이다. 프리드만은 이런 계산 결과를 아인슈타인에게 보냈다.

아인슈타인도 자신의 상대성 이론을 계산하다가 우주가 팽창할 수 있다는 결과를 얻었다. 그러나 아인슈타인은 우주가 변하지 않는다는 생각이 너무 강했기 때문에, 자신의 계산에 문제가 있다고 생각했다. 그래서 방정식에 '우주 상수'라는 값을 넣어 우주가 팽창하지도 수축하지도 않게 만들었다. 아인슈타인은 프리드만의 글을 읽고 몹시 놀랐지만 그의 생각이 틀렸다고 답장을 보냈다.

1929년에 미국의 천문학자 에드윈 허블이 당시 세계에서 가장 큰 망원경으로 외부 은하(우리 은하 바깥의 은하)를 관찰하다가 은하들이 우리로부터 멀어지고 있다는 사실을 발견했다. 이것은 우주가 팽창하고 있다는 명백한 증거였다. 아인슈타인은 그제서야 자신의 잘못을 인정했다. 우주 상수를 넣어 상대성 이론을 고친 것은, 자신의 인생에서 가장 큰 실수였다고 말했다.

오늘날 과학자들은 우주가 팽창하고 있다고 믿고 있다. 그러나 팽창하다가 멈추고 다시 수축할 것인지, 아니면 영원히 팽창할 것인지에 대해서는 여전히 의문에 쌓여 있다.

〈빅뱅과 블랙홀〉

우주가 팽창하고 있다면 과거에는 지금보다 더 작은 우주였을 것이다. 이렇게 생각을 과거로 거슬러 올라가면, 태초에는 하나의 점과 같은 아주 작은 공간이 우주의 전부였을 것이다. 오늘날 우주에 있는 모든 물질이 이 점에 모여 있다가 어떤 거대한 힘으로 '대폭발(빅뱅)'을 해서 지금까지 팽창하고 있는 것은 아닐까. 이것이 빅뱅 이론의 기본 생각이다. 1990년대에 코비라는 미국 인공 위성이 우주 탄

주변의 모든 물질을 끌어당기는 '블랙홀'

생 초기의 빛을 잡아냄으로써 오늘날 대부분의 과학자들은 '빅뱅 이론'을 받아들이고 있다.

'블랙홀'도 상대성 이론의 결과물이다. 중력이 아주 크면 공간이 극단적으로 휘어져 어떤 물질도 빠져 나오지 못하게 된다. 깔때기처럼 길쭉하게 찌그러든 공간을 상상해 보라. 이것이 블랙홀이다.

물론 상대성 이론이 나오기 전에 몇몇 과학자들이 블랙홀의 가능성을 생각했다. 뉴턴의 중력 이론으로만 생각해도, 중력이 무한히 크다면 둘레의 모든 물질을 끌어당길 것이다. 빛마저도 빠져 나가지 못해서 그것은 텅 빈 구멍처럼 검다. 그래서 블랙홀이란 이름이 붙었다.

오늘날 과학자들은 우리 은하의 중심부에 거대한 블랙홀이 있을 것으로 믿고 있다. 또한, 백조 자리에서도 블랙홀로 인정되고 있는 전파원이 발견되고 있다.

7
양자 역학을 거부하다

 물질은 무엇으로 이루어져 있을까? 이것은 수천 년 동안 과학자들이 품었던 의문이었습니다. 기원전 400년경에 그리스의 철학자 데모크리토스가 최초로, 물질은 더 이상 쪼갤 수 없는 최소 입자(원자)로 이루어져 있다고 말했습니다. 그러나 20세기에 접어들 무렵까지도 원자를 본 사람은 아무도 없었습니다.

 원자를 이해하려는 노력은 끊임없이 이어져 수많은 과학자들이 이 일에 평생을 바쳤습니다. 19세기가 끝날 때까지 과학자들은 과연 원자가 있느냐 없느냐로 끝없는 논쟁을 벌였습니다. 바늘 끝과 같은 작은 공간에도 원자는 수

백만 개나 존재합니다. 그런 원자를 눈으로 본다는 것은 거의 불가능하기 때문에 많은 과학자들이 원자의 존재를 인정하지 않았던 것입니다.

하지만 다양한 실험을 통해 원자의 존재를 뒷받침하는 과학적 사실들이 속속 밝혀지기 시작했습니다. 아인슈타인이 밝힌 브라운 운동도 원자의 존재를 인정하는 데 큰 몫을 했습니다.

1930년대 무렵에는 원자의 내부 구조에 대해서 아주 많은 것들이 밝혀졌습니다. 과학자들은 원자의 중심에 양성자와 중성자로 이루어진 핵이 있고, 그 둘레를 전자가 빠르게 돌아가고 있다는 것을 알아냈습니다(그림 10).

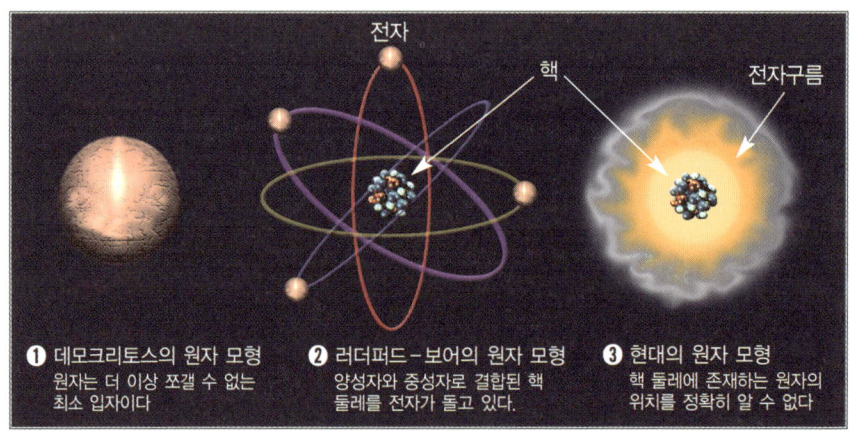

【그림 10】 원자 구조의 변천 과정

그런데 이 때부터 과학자들을 괴롭힌 것은 도대체 어떤 원리에 의해 양성자와 중성자, 그리고 전자가 존재하는가 하는 것이었습니다. 이것을 연구하는 분야가 상대성 이론과 더불어 20세기 최고의 물리학이라고 하는 '양자 역학'의 세계입니다.

양자 역학을 이론적으로 다지고 철학적으로 규명한 과학자는, 덴마크의 위대한 물리학자 닐스 보어입니다. 보어는 플랑크의 에너지 양자를 받아들여 수소 원자의 구조를 해명했습니다. 전자가 원자핵 둘레를 제멋대로 아무렇게 도는 것이 아니라 일정한 에너지를 가진 궤도에서만 돈다는 것이었습니다.

보어와 절친했던 독일의 물리학자 베르너 하이젠베르크는 전자가 원자핵 둘레에 존재하는 것은 분명하지만, 그 위치는 정확하게 알 수 없다는 놀라운 사실을 밝혀 냈습니다. 좀더 자세히 말하면, 전자의 위치를 정확하게 알려고 하면 전자가 얼마만큼의 속도로 도는지 알 수 없고, 반대로 전자의 속도를 정확하게 측정하려고 하면 전자가 어디에 있는지 알 수 없다는 것입니다. 이것이 유명한 '불확정성 원리'입니다.

프랑스의 과학자 드 브로이는 전자와 같은 입자도 파동으로 움직인다는 것을 밝혔습니다. 앞에서 파동으로 알았던 빛이 플랑크와 아인슈타인에 의해 입자로 밝혀졌듯이, 처음부터 입자로 알려졌던 전자가 이번에는 파동으로 밝혀진 것입니다. 드 브로이는 전자뿐만 아니라 모든 물질이 파동이라고 주장했습니다. 우리 몸도 사실은 파동입니다. 파동이 너무 작기 때문에 느끼거나 볼 수 없을 뿐이지요.

오스트리아의 물리학자 에르빈 슈뢰딩거는 드 브로이의 생각을 발전시켜 원자핵 둘레를 도는 전자들의 파동을 수학으로 풀었습니다. 이것이 유명한 '파동 방정식'입니다.

20세기에 들어와서 30여 년 만에 양자 역학을 기초로 한 과학의 세계는 엄청나게 발전했습니다.

가장 경이로운 양자 역학의 세계는, 독일의 물리학자 막스 보른이 주장한 '확률론'입니다. 앞서 얘기한 슈뢰딩거의 파동 방정식은 전자가 원자핵 둘레에 존재할 확률을 말해 준다는 것입니다. 우리는 하이젠베르크의 불확정성 원리에 의해, 전자가 원자핵 둘레 어디에 있는지 정확하게 알 수 없습니다. 다만 슈뢰딩거의 파동 방정식에 의해 원자핵 둘레 어디에 얼마만큼의 확률로 존재한다는 것만 알 수 있습니다.

확률이란 가능성입니다. 동전을 던졌을 때 나올 수 있는 경우의 수는, 앞면과 뒷면 둘밖에 없습니다. 그래서 앞면 또는 뒷면이 나올 확률은 1/2인 것입니다.

확률은 단지 가능성이기 때문에 동전을 백 번 던지면 모두 다 앞면이 나올 수도 있습니다. 그러나 만 번, 백만 번을 던지면 거의 절반씩 나오게 됩니다. 확률 1/2은 진리가 되는 것입니다.

정확하고 완벽하게 논리적이어야 하는 과학이, 확률이라는 가능성으로밖에 이해될 수 없다는 것은 커다란 충격이었습니다. 그 누구보다도 충격을 받은 사람이 아인슈타인이었습니다.

아인슈타인은 우주와 자연을 설명할 수 있는 조화로운 법칙이 있다고 믿었습니다. 그것은 수학적 논리로 정확하게 이해되어야만 했습니다.

그런데 양자 역학은 어느 것 하나도 확실한 것이 없었습니다. 이것을 알려고 하면 저것을 모르고, 있을 수도 있고 없을 수도 있다는 것이 어떻게 과학이라고 할 수 있겠습니까? 아인슈타인은 양자 역학을 받아들일 수가 없었습

니다.

사실 빛이 파동이자 입자라는 이중성으로부터 아인슈타인의 고뇌는 이미 시작되었습니다. 1951년에 아인슈타인이 친구 베소에게 보낸 편지를 보면, 그가 얼마나 오랜 세월 고뇌했는지 알 수 있습니다.

"50년 이상 생각하였음에도 우리는 아직 에너지 양자가 무엇인지 모르고 있네. 요즘은 모두가 이것을 알고 있다고 말하지만 내가 보기엔 모두가 틀렸네. 옛날이나 지금이나 빛이 무엇인지 정확하게 아는 사람은 아무도 없단 말일세. 우리가 아는 것이라고는 빛이 입자이면서 동시에 파동이라는 것이지. 그리고 바로 이것이 모순이네. 동시에 두 가지가 될 수 있는 것들에 대해서 자네는 얼마나 많이 알고 있나?"

1911년부터 1930년대까지 솔베이 학회(에른스트 솔베이라는 벨기에의 부유한 사업가가 만든 학회. 당시 세계 최고의 과학자들이 모여 여러 가지 과학 문제를 토론했다)에서 아인슈타인과 보어는 양자 역학의 실체에 대해서 끝없는 논쟁을 벌였습니다.

보어는 양자 역학의 타당성을 알리는 데 모든 노력을

기울였습니다. 아인슈타인은 이론 자체는 이해하지만 그래도 그것은 불완전한 그림일 뿐이라고 주장했습니다. 보어는 아인슈타인의 태도에 크게 실망했습니다. 수많은 실험이 양자 역학을 뒷받침하고 있는데도 인정하려 들지 않는 아인슈타인을 이해할 수 없었던 것입니다.

아인슈타인은 보어의 해석에서 어떤 문제점을 발견하면 그것을 지적하는 사고 실험을 제안하여 보어와 양자 역학을 비판했습니다.

아인슈타인이 사고 실험을 제시하면 보어는 며칠 동안 고민해서 거기에 들어 있는 잘못을 찾아내곤 했습니다. 아인슈타인이 아무리 교묘한 사고 실험을 고안해도 보어는 언제나 결점을 찾아냈습니다.

이 논쟁은 수십 년 동안 계속되었습니다. 아무도 자신의 주장을 굽히지 않았습니다. 보어는 아인슈타인이 죽고 나서도 그가 제시할지도 모르는 사고 실험을 만들어 끊임없이 아인슈타인과 대화를 했다고 합니다. 과학자들의 집념이 얼마나 대단한가를 알 수 있지요?

1948년 막스 보른은 평소에 잘 알고 지내던 아인슈타인으로부터 다음과 같은 편지를 받았습니다.

"희망적인 기대를 가졌음에도 우리는 완전히 다른 두 세계를 키웠습니다. 당신은 주사위 놀이를 하는 신을 믿고, 나는 실제로 존재하는 것들에 대한 완전한 법칙을 믿습니다."

신이 주사위 놀이를 한다는 것은 확률과 불확실성에 바탕을 둔 양자 역학을 빗댄 말입니다. 아인슈타인은 실제적이고 정확한 법칙만을 진리라고 믿었던 것입니다.

보른은 길게 한숨을 내뱉었습니다. 더 이상 아인슈타인을 설득할 수 없다는 걸 깨달은 거지요. 마침 그 때 보른은 아인슈타인에 대한 글을 쓰고 있었습니다. 그 글엔 이런 내용이 덧붙여졌습니다.

"아인슈타인은 다른 누구보다도 통계학(확률론)을 잘 이해하고 있었다. 그리고 양자 역학의 세계를 개척한 선구자였다. 하지만 자신의 연구를 토대로 한 통계적 양자 역학 원리가 등장하자, 그는 오히려 냉담하고 회의적인 자세를 유지했다. 우리들은 이것을 비극이라고 생각한다. 그로서는 홀로 자신의 길을 더듬어 가야 하기 때문이고, 우리로서는 우리의 지도자이자 기수를 잃어버렸기 때문이다."

아인슈타인과 보어의 양자 역학 논쟁

1930년 솔베이 학회에서 아인슈타인과 보어는 불확정성 원리를 놓고 크게 논쟁을 벌였다. 아인슈타인은 다음과 같은 사고 실험을 제안했다.

'빛으로 가득 찬 상자 안에 있는 광자(빛 알갱이) 하나의 에너지와, 그 광자가 방출된 시간을 우리는 모두 정확하게 결정할 수 있다.'

만약 이것이 실현된다면 그것은 불확정성 원리를 위반하게 된다. 불확정성 원리에 의하면, 입자의 위치와 속도를 동시에 정확하게 측정할 수 없을 뿐만 아니라 에너지와 시간도 동시에 정확하게 측정할 수 없다. 에너지를 정확하게 측정하려 하면 시간이 불확실해지고, 시간을 정확하게 측정하려 하면 에너지 상태가 아주 불확실해진다.

아인슈타인은 먼저 상자의 무게를 재야 한다고 말했다. 다음으로 시계와 함께 작동되는 조절 장치를 통해 특정한 순간에 광자를 방출한다. 그리고 상자의 무게를 다시 잰다. 무게의 변화를 알게 되었으므로 $E=mc^2$에 의해 광자의 에너지를 계산한다. 그러면 에너지 변화를 알 수 있고, 광자가 방출된 시간도 정확하게 알 수 있다. 아인슈타인은 이것으로 불확정성 원리는 끝장났다고 주장했다.

보어는 잠도 안 자고 밤새도록 이 문제를 생각했다. 다음날 새벽빛이 훤히 밝아올 때가 돼서야 아인슈타인의 주장에 결정적인 문제가 있는 것을 발견했다. 보어는 많은 과학자들이 지켜보는 가운데 아인슈타인을 반박했다.

보어는 광자가 방출될 때 운동의 반동(작용 – 반작용)에 의해 지구

양자 역학의 이론적, 철학적 기초를 다진 '닐스 보어'

중력장 안에서 시계의 위치가 불확실해진다는 것을 발견했다. 시계 위치의 불확실성은 결국 시간의 불확실성을 가져온다. 아인슈타인의 일반 상대성 이론에 의하면, 시계는 중력장의 변화에 따라 움직임이 달라진다. 즉 미세하지만 조금이라도 지구 가까이 내려가면 시계는 더 느려진다.

아인슈타인은 보어의 이론을 반박하려다 자신의 이론을 잊어버렸던 것이다. 불확정성 원리는 옳은 법칙이었고 아인슈타인은 자신의 주장을 거둬들이지 않을 수 없었다.

8
원자 폭탄과 아인슈타인

　미국은 아인슈타인에게 결코 행복한 나라는 아니었습니다. 영어를 잘 몰라 대화에 어려움도 겪었습니다. 독일과 생활 문화가 너무 달라 무엇 하나 내 집처럼 편안한 것이 없었습니다. 그는 자신의 미국 생활을 항상 다음과 같은 말로 빈정댔습니다.
　"나는 유대인에게는 성자며, 미국인에게는 전시물이고, 내 동료들에게는 엉터리다."
　1936년에 두 번째 부인 엘자가 병으로 죽자 더 깊은 외로움에 빠졌습니다. 비서 헬렌 뒤카가 요리, 살림, 대외 업무, 편지 보내기 등 모든 일을 맡아서 했습니다.

아인슈타인은 더 이상 양자 역학의 예측성이나 정확성을 의심하지 않았습니다. 양자 역학은 반도체와 같은 공학에서 실제로 응용되고 있었고 많은 실험에서 정확성이 밝혀졌습니다. 그렇지만 양자 역학이 불완전한 체계라는 생각은 변함이 없었습니다. 좀더 완전한 이론을 얻기 위한 중간 단계일 뿐이라는 거였지요.

1930년대 후반부터 아인슈타인은 중력과 전자기력을 통합하는 '통일장 이론'에 모든 정신을 집중했습니다. 하지만 중력과 전자기력을 하나로 통합하는 이론은 너무나 어려운 일이었습니다. 아인슈타인은 모든 물리 현상에 적용할 수 있는 근본적인 이론을 얻고자 했습니다. 그야말로 만물의 법칙을 찾으려고 했던 것입니다. 만약 그가 1905년처럼 아주 젊고 창조적 능력이 봇물처럼 넘쳤던 시절이었다면 통일장 이론은 어떤 결과를 얻었을지도 모릅니다. 그러나 더 이상 새로운 것은 없었습니다.

아인슈타인은 복잡한 수식 계산에만 빠져 있었고, 그의 연구에 관심을 보이는 동료는 없었습니다. 오직 혼자 자신의 세계에 틀어박혀 있었습니다.

어쩌면 아인슈타인은 너무 일찍 시대를 앞질러 갔는지

도 모릅니다. 오늘날 과학자들은 아인슈타인이 실패한, 물리 법칙을 통합하는 이론에 큰 관심을 보이고 있습니다. 하지만 아직도 중력과 전자기력을 통합하지는 못했습니다. 그만큼 어려운 일이었던 것입니다.

1939년 히틀러는 독일 사람이 사는 땅은 모두 독일 땅이라며 주변 나라를 상대로 전쟁을 일으켰습니다. 드디어 제2차 세계 대전이 터진 것입니다. 히틀러는 먼저 오스트리아를 치고 다음에 폴란드로 쳐들어갔습니다. 이에 불안을 느낀 영국과 프랑스, 러시아가 전쟁에 끼여들었습니다. 3년 뒤에 일본이 미국의 진주만을 기습함으로써 마침내 세계는 전쟁의 소용돌이에 휩쓸렸습니다.

그 무렵 과학자들은 방사능을 가진 원자들을 중성자로 때리면 원자가 쪼개지면서 엄청난 에너지를 방출한다는 것을 알았습니다. 물론 이 때 나오는 에너지는 아인슈타인이 발견한 $E=mc^2$이란 공식에 의해 얻어집니다.

원자가 쪼개질 때 원자핵을 이루고 있던 중성자 몇 개가 바깥으로 나옵니다. 이것이 바로 옆에 있는 다른 원자에 부딪치면 그 원자도 붕괴합니다. 그러면 또 몇 개의 중성자가 생기고, 이것이 다른 원자를 붕괴시키고……. 이런

식으로 순식간에 원자들이 붕괴되면서 엄청난 에너지가 나옵니다. 이것을 '연쇄 핵반응'이라고 합니다.

과학자들은 방사능 원자인 우라늄을 연쇄 핵반응시키면 지금까지 나온 그 어떤 것보다도 강력한 무기가 될 수 있다는 것을 직감적으로 알았습니다. 전쟁은 시작되었고, 우수한 인재가 많이 모여 있는 독일에서 먼저 핵무기를 만들지 모른다는 생각이 과학자들 사이에 퍼져 갔습니다.

1939년 7월 12일에 한때 제자였던 헝가리 출신의 유대인 과학자 레오 질라드가 아인슈타인을 찾아왔습니다.

질라드는 독일이 핵무기를 만들지도 모른다고 걱정했습니다. 하지만 그 때까지 아인슈타인은 우라늄을 붕괴시키면 큰 에너지가 나온다는 것은 알고 있었지만, 무기로 만들어지리라는 생각은 하지 못했습니다.

질라드는 아인슈타인을 설득했습니다. 당시 미국의 대통령이었던 루스벨트에게 편지를 쓰자는 것이었습니다. 적어도 아인슈타인이 편지를 보내면 대통령이 관심을 가질 거라고 생각했던 것입니다.

질라드는 헝가리 물리학자인 에드워드 텔러의 도움을 받아 대통령에게 편지를 썼습니다. 그리고 편지를 읽고 아인슈타인은 서명을 했습니다. 편지의 주요 내용은 다음과 같습니다.

"여러 과학자들의 연구는, 많은 우라늄으로 원자핵 연쇄 반응을 일으키는 게 가능하다는 것입니다. 그리고 이 반응에서 엄청난 에너지가 나옵니다. 따라서 핵 분열을 이용한 폭탄이 만들어질 경우, 그것의 폭발력은 상상을 초월합니다. 만약 이 폭탄을 배로 실어 와 항구에서 폭발시킨다면, 폭탄 한 개만으로도 항구와 그 부근을 모두 파괴시켜 버릴 것입니다. 그러나 이 폭탄은 너무 무거워 비행기로 운반하기는 어려울 것 같습니다. 최근에 독일은 그들이 점령한 체코슬로바키아에서 우라늄 판매를 중단시켰습니다(당시 우라늄은 체코슬로바키아와 벨기에 식민지 콩고에서 캐고 있었다). 이것은 독일도 우라늄에 대해서 관심을 가지고 있다는 증거입니다."

편지는 한 달 반이나 지나서 대통령에게 전달되었습니다. 대통령은 관심을 보이기는 했으나 당장 원자 폭탄을 만들 생각은 하지 않았습니다. 1939년 10월에 우라늄 위원회가 만들어졌지만 활동은 미비했습니다.

1941년에 일본이 미국을 공격하자 미국도 전쟁에 끼여

들었습니다. 그 때 미국은 영국이 이미 상당한 수준의 핵무기 개발을 해 왔다는 것을 알고 놀랐습니다.

루스벨트 대통령은 영국보다는 미국이 핵무기를 가져야 한다며 마침내 원자 폭탄 개발을 지시합니다. 이것이 유명한 '맨해튼 계획'입니다. 미국으로 망명한, 세계적으로 유명한 과학자들이 속속들이 이 계획에 참여했습니다. 보어도 고문으로 활동했습니다.

처음 원자 폭탄의 위험성을 대통령에게 알린 사람은 아인슈타인이지만, 정작 아인슈타인 자신은 원자 폭탄 개발이 어떻게 진척되고 있는지 몰랐습니다. 히로시마에 원자 폭탄이 터지고 나서야 알았습니다.

핵무기를 개발할 능력이 충분했는데도 독일은 결국 원자 폭탄을 만들지 못하고 전쟁에 졌습니다. 히틀러는 자살하고 1945년 5월에 독일은 항복했습니다. 일본도 패색이 짙었지만 미국의 경고에도 불구하고 항복하지 않았습니다.

1945년 8월에 일본 히로시마에 58킬로그램의 우라늄 원자 폭탄이 떨어졌습니다. 아인슈타인은 원자 폭탄이 무거워 비행기로 실어 나르기는 어려울 거라고 했지만, 실제로는 B-29 폭격기로 운반되었습니다.

일본이 항복하지 않자, 3일 뒤 미국은 나가사키에 또 원자 폭탄을 떨어뜨렸습니다. 이것은 플루토늄으로 만들었는데, 히로시마에 떨어진 것보다 더 강력했습니다. 도시의 절반 이상이 파괴되었고 수십만 명이 몇 년 사이에 죽었습니다. 일본은 그제야 손을 들고 무조건 항복했습니다.

이 엄청난 비극을 듣고 아인슈타인은 큰 충격에 빠졌습니다. 독일보다 먼저 핵무기를 가져야 한다고 생각한 것은, 독일이 충분히 핵무기를 가질 만큼 위험했기 때문이었습니다. 그러나 핵무기가 이렇게까지 파괴적일 줄은 아인슈타인도 미처 깨닫지 못한 것입니다.

과학이 불러온 엄청난 재앙에 아인슈타인은 할 말을 잃었습니다. 맨해튼 계획에 참여했던 많은 과학자들은 어쩔 수 없는 상황이었다고 변명했습니다. 그러나 어떤 과학자들은 더 이상 과학자로 남아 있는 것이 부끄럽다며 직업을

바꾸기도 했습니다.

아인슈타인은 핵무기 개발을 반대하고 인류의 평화를 위한 일에 적극적으로 참여했습니다. 전쟁 뒤에 핵무기 개발을 통제하기 위해 만든 원자력 위원회 회장이 되었습니다. 이 위원회에서 아인슈타인은 다음과 같은 연설을 했습니다.

"인류의 적들이 핵 무기를 가지는 것을 막기 위해, 우리는 이것을 먼저 만들었습니다. 나치(히틀러)의 성향을 생각할 때 그들이 핵 무기를 먼저 가지게 되었다면, 전세계 사람들이 노예가 되었을 것이고 엄청난 파괴가 일어났을 것입니다. 미국과 영국은 자유와 평화를 위한 투사로서 이 무기를 받았습니다. 하지만 아직까지 우리는 평화와 자유를 보장 받지 못하고 있습니다. 전쟁은 이겼지만 평화는 얻지 못했습니다."

독일이 2차 대전 동안 유대인 수백만 명을 학살했다는 소식을 전해 들은 아인슈타인은 또 한 번 분노로 치를 떨었습니다. 독일의 모든 것을 미워했습니다. 독일의 몇몇 학회가 회원 가입을 권유하자 이를 거절하면서 아인슈타인은 소리쳤습니다.

"독일인들의 범죄는 문명 국가라고 불리는 나라들의 역사에서 가장 혐오스럽다!"

이 무렵 아인슈타인은 복부(배) 혈관이 비정상적으로 커지는 동맥류를 앓기 시작했습니다. 한 번 악화되면 치명적이기 때문에 꾸준히 치료를 받아야 하는 병이었습니다.

1952년 11월에 이스라엘 초대 대통령 바이츠만이 죽자, 이스라엘은 아인슈타인에게 대통령이 되어 달라는 부탁을 했습니다. 이스라엘은 수상이

실제 정치를 하고 대통령은 정치력이 없는 명예직입니다. 아인슈타인은 이스라엘 대사에게 다음과 같은 편지를 써서 정중하게 거절했습니다.

"저는 이스라엘의 제안에 크게 감동했으며 동시에 그 제안을 받아들일 수가 없어서 슬프고 부끄럽습니다. 저는 일생 동안 객관적인 문제들만을 다루었지 사람들을 적절히 다뤄야 하는 공적인 일을 수행한 경험이 없습니다. 이런 까닭에 저는 그런 높은 자리를 맡기에 적합하지 않습니다."

아인슈타인을 비롯한 지성인들의 노력에도 불구하고 소련(러시아), 프랑스, 영국, 중국 등 세계 여러 나라들이 핵무기를 만들었고, 미국은 핵융합으로 생기는 에너지를 이용한 수소 폭탄도 만들었습니다.

1950년대부터 미국과 소련은 자본주의와 공산주의, 두 체제로 갈라져서 심한 갈등과 대립을 겪습니다. 이것을 '냉전 체제'라고 합니다. 이 때 미국에서는 정치, 과학, 예술 등 나라의 모든 분야에 공산주의자가 있다며 그들을 제거해야 한다는 주장이 일어났습니다. 아인슈타인도 공산주의자로 의심받아 끊임없는 감시를 받았습니다. 하지만 증거를 찾지 못해 결국 감시에서 풀려났습니다.

1955년 4월 3일 오후에 동맥류가 터졌습니다. 병원에서는 생명이 위험하다며 즉시 수술할 것을 권했습니다. 그러나 아인슈타인은 수술을 거절했습니다.

"나는 내 몫을 다했습니다. 이제 갈 시간이 되었어요."

아인슈타인은 담당 의사에게 이렇게 말하고, 아들 한스 알베르트에게 연구를 계속하게 안경을 갖다 달라고 했습니다. 4월 17일까지 아인슈타인은 통일장 이론의 일부를 계산하는 일에 매달렸습니다.

4월 18일 오전 1시 15분에 간호사에게 독일어로 뭔가 알아들을 수 없는 말을 몇 마디 하고, 아인슈타인은 조용히 숨을 거두었습니다.

아인슈타인의 평생 친구였던 미셸 베소가 아인슈타인보다 한 달 앞서 스위스에서 죽었습니다. 아인슈타인은 친구의 가족들에게 편지를 보냈습니다. 이 편지의 한 구절은 아마도 아인슈타인이 자신에게 하고 싶었던 말이었을 것입니다.

"지금 그는 나보다 조금 일찍 이 이상한 세계로부터 떠났습니다. 그것은 아무 의미도 없습니다. 물리학을 믿고

있는 우리 같은 사람은 과거, 현재 그리고 미래 사이의 차이점이 단지 고집스럽게 계속되는 환상이라는 것을 알고 있습니다."

아인슈타인의 종교

아인슈타인은 흔히 일반적인 종교에서 말하는 신은 믿지 않았다. 하지만 우주의 진화와 소멸을 지배하고 우주의 모든 존재와 우주 자체를 있게 한 어떤 영혼의 존재는 믿었다. 그것을 아인슈타인은 '큰 어른(the old One)'이라고 불렀다.

아인슈타인은 종종 물리학의 진정한 임무는, 바로 이 큰 어른의 비밀을 밝히는 것이라고 말했다. 우주적 암호로 씌어진 이 비밀은, 아주 단순하고 아름다울 것이라고 아인슈타인은 생각했다. 그래서 그는 큰 어른이 흉측한 법칙을 만들 만큼 악의가 있지는 않을 거라면서, '신은 오묘하지만 심술궂지는 않다'라는 유명한 말을 남기기도 했다. 아인슈타인은 옳다고 믿는 것은 끝까지 밀고 나간 고집불통의 인물이었지만, 잘못을 깨달았을 때는 기꺼이 수용하는 융통성도 있었다. 모차르트 음악을 사랑한 그는 모차르트만큼 해학적이고 유머가 있었으며, 장난을 즐길 줄 알았던 낙천적인 사람이었다.

그가 이룩한 과학적인 업적은 오늘날 우리 삶의 많은 부분을 변화시키고 있다. 20세기에서 21세기로 이어지는 천문학은, 그의 상대성이론이 없었다면 결코 존재할 수 없었을 것이다. 팽창하는 우주나 블랙홀 따위들이 모두 상대성 이론으로부터 나오지 않았던가!

수천 년 동안 시간이란 개념은 종교나 철학의 영역이었다. 그리고 그것은 인간이 손 댈 수 없는 절대적인 영역이었기 때문에, 언제나 두려움과 경외심으로 바라볼 수밖에 없었다. 그러나 아인슈타인은 시간을 상대적인 영역으로 끌어내렸으며, 공간과 더불어 4차원 세계를 정의함으로써 우리를 4차원 세상에서 살고 있는 이상한 생물로 만들어 버렸다.

한때 양자 역학의 득세로 뒷전으로 밀렸던 상대성 이론에 대한 관심이 요즘 다시 불붙고 있다. 공상 과학 영화나 소설에서 자주 등장하던 타임머신도 본격적으로 연구하는 과학자들이 늘고 있다.

먼 훗날 아인슈타인이 말했던 것처럼 과거, 현재, 미래가 단지 환상일 뿐 우리 앞에 모두 펼쳐지는 날이 온다면, 그 때는 타임머신을 타고 아인슈타인을 만나러 가는 여행 상품이 큰 인기를 누리지 않을까?

용어 해설

가속도	단위 시간당 속도의 변화율을 가속도라고 한다. 시간이 지남에 따라 속도가 점점 더해지는 정도를 말한다.
광자	빛의 요소가 되는 입자. 빛을 진동수에 따라 에너지를 갖는 입자들의 모임으로 보았을 때, 이것을 광양자라 부르고 줄여서 광자라고 한다.
무중력	중력이 작용하지 않거나, 중력이 작용하더라도 다른 힘과 상쇄되어 작용하지 않는 것처럼 보이는 것. 무중력 상태에서는 물체를 공중에 놓으면 떠 있고, 음료수는 빨대를 사용해야 먹을 수 있으며, 사람의 내장이 위로 올라 붙어서 허리 부분이 가늘어진다.
방사능	불안정한 원자가 붕괴하면서 방사선을 방출하는 능력.
방사선	방사능 물질에서 방출되는 빛. α(알파), β(베타), γ(감마)선이 있다.
불확정성 원리	입자의 운동량(속도)과 위치를 동시에 정확히 측정할 수 없다는 원리. 이것은 측정 도구의 오차에 따른 한계 때문이 아니라, 물질에서 발생하는 근본적인 성질 때문이다.
에너지	일할 수 있는 능력. 에너지의 크기는 물체가 할 수 있는 일의 양이다. 에너지의 형태에 따라 운동, 위치, 열, 전기 에너지 등으로 구분한다.
일식	지구와 태양 사이에 달이 들어가 태양의 전부 또는 일부가 달에 의해 가려지는 현상. 전부 가려질 때를 '개기 일식'이라고 하고, 부분적으로 가려질 때를 '부분 일식'이라고 한다. 한편, 태양과 달 사이에 지구가 들어가 지구의 그림자 때문에 달이 가려지는 것은 '월식'이라고 한다.
입자	물질을 구성하는 아주 미세한 알갱이.

자기	자석이 갖는 작용이나 성질. 자기력의 근원이 되는 것.
전기	물질 안에 있는 전자들의 움직임 때문에 생기는 에너지의 한 형태. 음전기와 양전기가 있는데, 같은 종류의 전기는 밀어내고 다른 종류의 전기는 끌어당긴다.
자기장	자기력이 작용하는 공간. 자기를 띤 물체에서 발생하는 힘을 자기력이라고 한다.
전기장	전기력이 작용하는 공간. 전하를 띤 두 대전체 사이에 작용하는 힘을 전기력이라고 한다.
전자기파	전기장과 자기장이 시간에 따라 변할 때 발생하는 파동.
중력	물체를 끌어당기는 힘. 지구가 회전하기 때문에 지구의 중력은 정확하게 지구 중심 방향으로 작용하지는 않는다. 따라서 지구의 중력은 위도에 따라 다르고, 물체의 질량이 클수록 중력도 커지며, 지구 중심으로부터 멀어질수록 중력이 약해진다.
진동수	1초 동안에 파동의 주기가 되풀이되는 횟수.
질량	물체가 갖는 고유의 양. 물체가 힘을 받아 얻는 가속도와 관련된 특성이다. 야구공과 볼링공을 던질 때 가속도의 차이에서 두 공의 질량이 다른 것을 느낄 수 있다. 즉, 가속이 잘 되지 않는 공이 질량이 크다. 이런 질량을 '관성 질량'이라고 한다. 질량을 측정하는 또 다른 방법은 무게(지구가 물체를 잡아당기는 힘)를 측정해 보는 것이다. 무게는 질량에 비례하므로 질량이 클수록 무게도 크다. 이것을 '중력 질량'이라고 한다. 아인슈타인의 일반 상대성 이론은 관성 질량과 중력 질량이 같음을 밝히고 있다.
핵분열	원자핵이 두 개의 핵으로 갈라지는 현상. 반대로 높은 온도와 압력에서 두 개의 원자가 충돌하여 하나의 원자핵이 되는 것을 '핵융합'이라고 한다.

인물 소개

갈릴레이
(1564~1642)

이탈리아의 물리학자, 천문학자. 근대 과학의 기초를 세운 위대한 과학자이다. 망원경을 만들어 행성과 별들을 관찰하고 목성의 위성을 발견했다. 지구가 태양 둘레를 돌고 있다는 코페르니쿠스의 지동설을 지지하여 교회로부터 탄압을 받았다. 그가 연구한 물체의 운동은 나중에 뉴턴이 운동 법칙으로 정립했고, 아인슈타인에게도 많은 영향을 끼쳤다.

뉴턴
(1642~1727)

영국의 물리학자, 수학자, 천문학자. 질량을 가진 모든 물체는 서로 끌어당긴다는 만유인력 법칙을 발견했고, 빛을 연구하여 광학의 기초를 세웠다. 케플러와 갈릴레이의 연구를 이어받아 물체의 운동 법칙을 정립하였다. 그가 이룩한 물리 법칙은 3백여 년 동안 모든 과학의 기초가 되었고, 아무도 그 권위를 넘보지 못했다. 지금도 건축이나 항공 등 실질적인 과학 기술에 유용하게 응용되고 있다.

데모크리토스
(기원전 460~370)

고대 그리스의 자연철학자. 물질은 더 이상 쪼갤 수 없는 최소 단위인 원자로 되어 있으며, 우주는 무수한 원자로 충만해 있고 원자와 원자 사이에 텅 빈 허공(진공)이 있다고 말했다. 원자의 존재를 절대적으로 믿은 나머지, 인간의 정신도 가장 정묘한 원자로 이루어져 있다고 주장했다. 데모크리토스의 원자설은 아리스토텔레스의 비판을 받아 오랫동안 빛을 보지 못하다가, 19세기가 되어서야 영국의 과학자 돌턴에 의해 다시 부활했다.

드 브로이
(1892~1987)

프랑스의 물리학자. 처음에는 문학, 역사학을 공부하였지만 나중에 물리학으로 바꾸었다. 전자의 파동성을 밝혀 모든 물질이 파동으로 움직인다는 물질파를 발견했다. 그의 놀라운 생각이 박사 학위 논문으로 제출되었을 때 아인슈타인도 읽었다. 아인슈타인은 단번에 비범한 논문임을 알고 칭찬했다. 1929년에 노벨 물리학상을 받았다.

러더퍼드
(1871~1937)

영국의 물리학자. 방사성 법칙을 연구해, 방사능이 원자 내부의 현상이며 원소가 자연 붕괴하고 있음을 지적했다. 원자 속에 핵이 있음을 밝혔고 중성자의 존재를 예측하는 등, 핵 물리학 발전에 큰 역할을 했다. 1908년에 노벨 화학상을 받았다.

리만
(1826~1866)

독일의 수학자. 40세에 폐결핵으로 죽었다. 발표한 논문은 적지만 수학의 여러 분야에 큰 업적을 남겼다. 복소함수를 연구하고, 비유클리드 기하학으로 리만 기하학의 기초를 세웠다.

맥스웰
(1831~1879)

영국의 물리학자. 분자 운동론의 기초를 세웠다. 패러데이의 전자기 마당(장)을 기초로 하여 전자기학을 이론적으로 정립하였다. 전자기파를 이론으로 밝혀 내고 그것의 존재를 예측하였다. 나중에 독일의 물리학자 헤르츠가 실제로 전자기파를 발견했다. 오늘날 우리 생활의 일부분이 된 텔레비전, 휴대폰 따위는 그의 연구로 시작되었다.

민코프스키
(1864~1909)

독일에서 활동한 러시아 출신의 수학자. 정수론에 기하학적 방법을 도입해 수학의 새로운 영역을 개척했다. 일찍부터 제자였던 아인슈타인의 특수 상대성 이론을 이해하고 4차원 시공간의 개념을 기하학으로 정립했다.

밀리컨
(1868~1953)

미국의 물리학자. 유명한 기름 방울 실험으로 전자의 전하를 정밀하게 측정했다. 브라운 운동과 광전 효과를 실험하고 아인슈타인의 관계식을 밝혔다. 1923년에 노벨 물리학상을 받았다.

보어
(1885~1962)

덴마크의 물리학자. 양자 역학을 정립해서 20세기 최고의 물리학자 가운데 한 사람으로 인정받고 있다. 원자 구조에 플랑크의 양자론을 도입하여 전자의 존재를 알아냈다. 양자 역학의 물리학적, 철학적 의미를 해석했다. 1940년 2차 세계 대전이 일어나자 독일군을 피해 미국으로 갔다. 그 곳에서 원자 폭탄 제조에 참여했으나 전쟁 후에는 원자력의 평화적 사용을 주장하였다. 친절하고 포용력 있는 인간미로 많은 과학자들의 존경을 받았다. 1922년에 노벨 물리학상을 받았다.

보른
(1882~1970)

독일 출신의 영국 물리학자. 2차 세계 대전 때 독일군에 쫓겨 영국으로 귀화했다. 물질을 이루는 최소 입자들이 확률적인 특성으로 존재함을 밝혀, 양자 역학을 개척한 주요한 과학자로 인정받고 있다. 아인슈타인과 많은 부분에서 의견 교환을 했다. 1954년에 노벨 물리학상을 받았다.

슈뢰딩거
(1887~1961)

오스트리아의 물리학자. 파동 방정식을 만들어 하이젠베르크와 함께 양자 역학의 두 기둥을 세웠다. 나중에 생물학에도 관심을 보여 20세기 후반에는 생물학이 과학을 지배할 것이라고 예언하기도 했다. 1933년에 노벨 물리학상을 받았다.

패러데이
(1791~1867)

영국의 물리학자. 서양 과학의 역사에서 가장 위대한 실험 물리학자로 인정받고 있다. 14세에 서점 점원으로 일했는데, 이 때 틈틈이 책을 읽다가 과학에 눈을 뜨게 되었다. 당시 유명한 과학자였던 데이비의 공개 강연을 듣고, 그의 강연 내용을 직접 써서 데이비에게 보냈다. 패러데이의 정성에 감동한 데이비가 그를 조수로 채용하면서 마침내 꿈에 그리던 과학자가 되었다. 그는 엄청난 노력으로 수많은 실험을 했으며, 여러 가지 화학 물질을 처음으로 발견하고, 전기를 일으키는 전자기 유도를 밝혔다. 전기와 자기를 최초로 마당(장)의 개념으로 이해했으나, 수학 지식이 모자라 이론으로 발전시키지는 못했다. 나중에 맥스웰이 그의 이론을 수학으로 정립했다.

플랑크
(1858~1947)

독일의 물리학자. 열 역학을 연구하여 에너지가 불연속적인 양자 덩어리로 되어 있다는 양자 가설을 세워, 20세기 물리학의 길을 텄다. 아인슈타인과 친분이 두터워 히틀러로부터 아인슈타인을 보호하려 하였으나 성공하지 못했다. 피아노를 잘 쳐 아인슈타인과 함께 연주하곤 했다. 1918년에 노벨 물리학상을 받았다.

하이젠베르크
(1901~1976)

독일의 물리학자. 행렬 역학으로 양자 역학의 기초를 확립하고, 불확정성 원리로 물질의 존재 특성을 밝혔다. 보어와 함께 양자 역학을 주도적으로 이끌었다. 그의 책 《부분과 전체》는 과학과 과학자의 삶을 감동적으로 그려, 과학도라면 꼭 읽어야 할 훌륭한 책이다. 1932년에 노벨 물리학상을 받았다.

허블
(1889~1953)

미국의 천문학자. 법률을 배워 변호사로 활동하다가 별의 신비로움에 빠져 들어 천문학으로 인생을 바꿨다. 윌슨 산 천문대에서 당시 세계 최고였던 252cm 망원경으로 '외부 은하'(우리 은하 바깥의 은하) 들을 관찰했다. 그리고 은하들이 우리로부터 멀어지고 있다는 유명한 '허블의 법칙'을 발견하여, 우주가 팽창하고 있음을 밝혔다. 현대 우주론과 천문학이 그로부터 시작되었다고 할 정도로 많은 업적을 남겼다. 우주는 변하지 않고 영원하다고 생각했던 아인슈타인도 허블의 발견이 있고 나서야 우주의 팽창을 인정했다.

호이겐스
(1629~1695)

네덜란드의 물리학자, 천문학자, 수학자. 1665년 토성의 고리를 발견하여 갈릴레이가 위성이라고 잘못 본 것을 바로잡았다. 최초로 진자 시계를 만들어 시간을 정밀하게 잴 수 있게 하였고, 빛의 파동설을 주장하였다. 네덜란드의 뉴턴이라고 할 정도로 다방면에 재능이 많았다.

열린 주제

나치의 유대인 학살

유대인 대학살은 나치에 의해 1933년 시작되어 제2차 세계 대전이 끝날 때까지 계속되었습니다. 이를 '홀로코스트'라고 합니다. 히틀러는 집권하자마자 유대인 소유 기업을 몰수하고, 유대인의 정치적 경제적 기반을 무너뜨렸습니다. 그 후 시민권을 빼앗고 유대인과의 결혼도 금지했습니다.

1939년 제2차 세계 대전이 일어나자 유대인은 '게토'라는 유대인 거주지역 안에서만 살면서 전화와 공공시설도 사용하지 못했고, 모든 유대인이 별 모양의 배지를 달아야 했습니다.

1942년 유대인에 대한 마지막 해결책이라는 명목으로, 모든 유대인을 동부에 있는 수용소로 이주시켜 학살하려는 계획이 실행에 옮겨졌습니다. 이것을 시작으로 나치는 12년 동안 600여만 명의 유대인을 가스실 등에서 대량 학살했습니다. 아우슈비츠는 집단학살이 행해진 대표적인 수용소입니다.

아우슈비츠 집단 수용소에서 나치 병사들이 포로들을 감시하고 있다.

유대인들은 나치를 피해 외국으로 가기도 하고, 수용소 내에서 봉기를 일으키기도 했습니다. 전쟁이 끝난 뒤 독일은 재판을 통해 나치 전범을 엄하게 처벌했으며, 자신들이 저지른 일을 반성하며 박물관을 세워 참회하고 있습니다.

시간과 공간의 비밀을 밝힌 과학자
아인슈타인

원자력과 평화 문제

과학자들은 특정 상황에서 중성자들의 연쇄반응을 가속화시키면 놀라운 에너지가 방출되어, 가공할 파괴력을 가진 무기를 생산할 수 있다는 원리를 발견했습니다. 많은 과학자들은 이런 가공할 무기를 나치 독일이 먼저 개발할 것을 우려했고, 당시 미국에 살고 있던 아인슈타인이 이 사실을 보고하자 루스벨트 대통령은 '우라늄 자문위원회'를 발족시켰습니다. 이때 연구를 통해 만들어진 핵무기가 일본에 투하된 원자폭탄으로 약 21만 명이 넘는 사상자를 냈습니다.

이에 과학자들은 경악을 금치 못하고 여러 가지 방법으로 반핵 운동을 펼쳐나갔습니다. 아인슈타인은 원자과학자협회 회장이 되어 원자력의 위험을 알렸고, 1955년에는 수소폭탄의 위험을 경고하는 러셀 공동 성명서에 서명했습니다. 로트블라트는 물리학자로서 한때 원자폭탄 개발에 참여했으나, 이후 그 프로젝트에서 손을 떼

원자폭탄 실험

고 핵에너지의 평화적 이용을 연구하는 데 온 힘을 쏟았습니다. 핵 무장해제와 군비제한을 지지하는 이들 과학자 단체는 제2차 세계 대전 당시 일본의 히로시마와 나가사키에 원자폭탄이 투하된 지 50주년이 되는 1995년에 노벨 평화상을 수상했습니다.

열린 주제

인물 돋보기

노벨상 수상

1921년, 아인슈타인은 광전 효과에 관한 연구인 광양자 이론으로 노벨 물리학상을 받았습니다. 아인슈타인의 이론은 일반인이 쉽게 이해하기 어려웠고 유대인이라는 이유로 그를 공격하는 사람들이 많았으므로, 그의 노벨상 수상은 뜻밖의 일이었습니다. 아인슈타인은 유대인의 나라가 건설될 팔레스타인을 방문해 강연을 하기도 했습니다. 유대인들은 그를 매우 자랑스러워했으며 그의 강연에 큰 위로와 감동을 받았습니다.

시오니즘 운동

1896년, 헤르츨이 제창한 운동으로 시온주의 운동이라고도 합니다. 고대 이스라엘에서 쫓겨난 유대인들이 팔레스타인 땅에 나라를 건설하는 것을 목적으로 한 운동입니다. 유대인들은 2000년 동안이나 나라를 잃고 유럽 곳곳에서 수많은 박해와 시련을 겪으면서 떠돌이 생활을 해야 했습니다. 그들은 시오니즘 운동을 통해 방랑 생활을 청산하고, 유대인의 나라를 건설하려고 여론과 힘을 모았습니다.

이스라엘의 초대 대통령, 바이츠만

아인슈타인은 어느 나라에서도 환영받지 못하는 유대인의 어려움을 깨닫고, 시오니즘 운동에 적극 동참해 나중에 이스라엘의 초대 대통령이 된 바이츠만과 함께 모금 여행을 하기도 했습니다. 아인슈타인이 미국에서 한 모금 여행은 대성공이었습니다. 이 운동을

시간과 공간의 비밀을 밝힌 과학자
아인슈타인

통해 아인슈타인은 자신이 유대인임을 확고하게 깨닫고, 더욱 열심히 시오니즘 운동을 지지했습니다.

스위스 베른의 아인슈타인 하우스

베른은 스위스 중심에 자리 잡은 수도이자 베른 주의 주도이기도 합니다. 스위스의 한가운데에 위치해 스위스의 심장이라고도 불리는 이곳은 스위스에서 네 번째로 크기도 합니다. 시가지를 감싸고 흐르는 아레 강과 동서로 뻗어 있는 도로 등 중세의 모습을 그대로 간직한 멋진 도시입니다.

아인슈타인은 이 베른의 아인슈타인 하우스에서 1902년에서 1909년에 걸쳐 연구 활동을 했습니다. 이곳은 상대성 이론의 첫 번째 이론인 특수 상대성 원리를 썼던 곳이기도 합니다. 지금은 그가 베른에 머물렀던 동안의 흔적을 보여 주는 사진과 자료들이 전시된 박물관으로 이용되고 있습니다. 그의 과학적 활동을 보여 주는 다양한 논문과 자료의 복사본들이 전시되어 있습니다.

아인슈타인의 업적

아인슈타인의 상대성 이론은 철학적이고 과학적인 사고의 모든 측면에 대해 영향을 주었으므로 과학의 가장 중요한 산물이라고 할 수 있습니다. 특히 일반 상대성 이론은 뉴턴의 중력 이론으로는 가능하지 않거나, 가능하더라도 단지 부분적으로밖에는 인정할 수 없는 우주론에서 가장 멋진 성공을 거두었습니다. 결과적으로 일반 상대성 이론은, 관측과 이론 연구가 활성화되고 있는 우주론이 더욱 발전되는 데 많은 기여를 했습니다.

연대표

아인슈타인의 생애	세계의 동향
	1878 베를린회의 개최됨.
1879 독일의 울름에서 태어남.	*1882* 삼국동맹(독일·오스트리아·이탈리아) 성립함.
	1884 청-프랑스전쟁 발발
1886~1900 취리히 연방공과대학에서 공부함.	*1894* 청일전쟁 발발함.
	1896 헤르츨, 시온주의 운동 제창함. 제1회 올림픽대회 개최됨.
	1898 중국, 무술정변 일어남.
	1899 보어전쟁 발발함.
	1900 중국, 의화단운동 일어남.
1901 스위스 국적을 얻음.	
1902 스위스 특허청에서 일자리를 구함.	
1903 학생 시절 친구인 밀레바 마리치와 결혼함.	*1904* 러일전쟁 발발함.
1905 〈물리연감〉에 광전 효과에 관한 논문을 발표함. 브라운 운동에 관한 논문을 발표, 분자운동 이론으로 박사학위 받음. 특수 상대성 이론 발표함.	*1905* 러시아, 피의 일요일 사건 일어남.
	1907 삼국협상(영국·프랑스·러시아) 체결됨. 제2차 헤이그 만국평화회의 열림.
1908~1914 베른, 취리히, 프라하 등의 대학에서 강의함.	*1910* 대한제국, 일본에 합병됨.
	1911 중국, 신해혁명 일어남.

시간과 공간의 비밀을 밝힌 과학자
아인슈타인

아인슈타인의 생애	세계의 동향
	1912 중화민국 성립됨.
1914~1933 베를린 대학의 물리학 교수 및 이론물리 책임자로 일함.	*1914* 제1차 세계 대전 발발함. 파나마운하 개통됨.
	1915 중국, 문학혁명 일어남.
1916 일반 상대성 이론에 관한 연구를 완성함. 레이저의 기초가 된 방사광의 흡수와 방사에 대해 연구함.	*1917* 러시아, 10월혁명 일어남.
1918 통일장 이론에 관한 연구를 시작해서 평생을 계속함.	*1918* 미국 윌슨, 평화원칙 14개 조 발표함.
1919 사촌 엘자와 결혼함.	*1919* 베르사유 조약 체결됨.
	1920 국제연맹 창립됨.
1921 미국을 처음 방문함. 광전 효과에 관한 연구로 노벨 물리학상을 수상함.	*1921* 중국공산당 성립됨.
	1922 소비에트 사회주의 공화국 성립됨. 터키혁명 일어남.
	1925 5·30사건 일어남. 아문센이 북극을 탐험함.
	1927 중국, 난징에 국민정부 수립됨.
	1928 소련, 토지사유금지령 제정. 파리 조약 조인함.
	1929 뉴욕의 주가 대폭락, 세계 대공황 시작됨.

163
연대표

아인슈타인의 생애	세계의 동향
1930 우주 팽창에 관한 모델을 제시함.	*1930* 인도의 간디, 소금 행진을 함.
	1931 마오쩌둥, 중화 소비에트 임시정부를 수립함. 만주사변 일어남.
	1932 만주국 성립됨.
1933 나치를 피해 미국으로 망명함.	*1933* 히틀러, 독일 총리로 취임함. 미국, 뉴딜정책 실시함.
	1937 중일전쟁 시작됨.
	1938 독일, 오스트리아를 합병함. 뮌헨회담 개최함.
1939 원자력 에너지의 가능성에 대해 루스벨트 대통령에게 편지함.	*1939* 제2차 세계 대전 시작됨.
1940 미국 시민권을 획득함.	
	1941 대서양헌장 발표, 태평양전쟁 발발함.
	1942 독일, 소련을 침공함.
	1943 제1차 카이로회담, 테헤란회담 열림.
	1944 연합군의 노르망디 상륙으로 파리 해방됨.
	1945 얄타회담, 포츠담선언, 국제연합(UN) 성립. 일본, 연합군에 무조건 항복함.

시간과 공간의 비밀을 밝힌 과학자
아인슈타인

아인슈타인의 생애	세계의 동향
	1947 미국 대통령 트루먼, 트루먼독트린 선언함. 미국의 마셜, 마셜플랜 제창함. 인도, 독립을 선언함.
	1948 이스라엘공화국 성립됨. 세계인권선언 발표됨.
1949 〈중력에 대한 일반 이론(통일장 이론)〉 발표함. 원자 과학자 협회 회장이 되어 원자력의 위험을 알림.	*1949* 북대서양 조약 체결됨. 중화인민공화국 성립(주석 마오쩌둥)됨.
	1950 스톡홀름성명 채택됨. 한국전쟁 발발함.
1952 이스라엘의 대통령이 되어 달라는 요청을 거절함.	*1952* 미국, 수소폭탄 실험 성공 발표함.
1955 수소폭탄의 위험을 경고하는 러셀 공동성명서에 서명함. 4월, 프린스턴 대학 병원에서 세상을 떠남.	*1955* 바르샤바 조약 체결됨.
	1958 미국, 나사(NASA) 설립하여 우주 연구에 박차를 가함.